isabel pereira pizani

el fraude del rentismo

un modelo de propiedad para desarmar

CONTENIDO

Sin duda alguna este libro, *El fraude del rentismo*, es una contribución de Isabel Pereira Pizani a la Venezuela futura. Para entender la importancia de esta propuesta, es necesario acercarnos a su experiencia de vida como socióloga, investigadora sin tregua de la realidad objetiva y subjetiva de su país.

Estudió sociología en una UCV cargada de ideas socialistas, como era natural en la Latinoamérica de los años 60 y 70, alcanzó un doctorado en la reconocida Universidad Pantheon-Sorbona en París, cumpliendo así el sueño de profundizar sus conocimientos de cómo lograr una mejor sociedad en la cuna de la Revolución Francesa. Allí comparte en las aulas con compañeros provenientes de países dominados por regímenes socialistas totalitarios, gente confundida ante la imposibilidad de entender la heterogénea sociedad francesa y la convivencia pacífica de una infinita diversidad de ideas políticas. La vivencia de la libertad de expresión y opinión constituían para ellos grandes enigmas, nunca experimentados. Al mismo tiempo estudia con el ilustre venezolano Emeterio Gómez, autor de una demoledora crítica de la Teoría del Valor, fundamento central del comunismo, texto presentado exitosamente ante un jurado universitario francés. Con la guía de Gómez, a quien reconoce como su maestro, aprendió a explorar la condición del individuo responsable, inflexión en la cual descubre e impone su ruptura con las ideas marxistas, por no ir de la mano con la significación de la esencialidad del ser humano.

Al retornar a Venezuela se sumerge en el estudio de grandes pensadores liberales: Friedrich von Hayek, Ludwig von Mises, John Locke y otros, en la búsqueda de fundamentos para sus futuros trabajos con distintos grupos y sectores a lo largo y ancho de toda Venezuela, movida por la aspiración de lograr una mejor sociedad.

Ocurre en esta época su vinculación hasta la fecha a Cedice, institución que defiende y promueve las ideas de la libertad. Aquí encuentra el campo fértil que le permite conectar sus conocimientos teóricos con la cruda realidad del ciudadano común, experiencia que, con el paso del tiempo, observando los resultados de sus trabajos y sus efectos en la gente, le permitió reafirmar y comunicar que la solución no estaba en el socialismo, sino en la libertad con sus respectivos derechos y obligaciones.

Luego de varias publicaciones enfocadas en la defensa de los derechos de propiedad, la ética y la libertad individual, llega a esta interesante propuesta, que compila la gran experiencia de campo acumulada, el profundo conocimiento del gentilicio venezolano, sus costumbres, tradiciones y actuaciones, como muchos otros profesionales de la sociología.

Este documento que hoy el lector tiene en sus manos, cargado de propuestas para acabar con la profunda traba del rentismo, constituye una obligatoria lectura para todos aquellos que hoy se mantienen firmes en su lucha por un cambio democrático.

No solo es un texto para almacenar en bibliotecas, es una guía para todo aquel que tiene responsabilidades entrelazadas con el bien común. Debiera mirarse como una de aquellas obras que se consultan frecuentemente, el diccionario para seleccionar la palabra adecuada, la biblia para actuar correctamente, la constitución y otras obras magnas de acuerdo con las labores que cada uno desempeña. Para Cedice es muy grato publicar este libro de Isabel, que consideramos se convierte en una guía con los fundamentos necesarios para que Venezuela, orientada por instituciones sólidas que incluyan a todos, pueda alcanzar la anhelada libertad y prosperidad a la que aspiramos cada uno de nosotros.

ANDRES VON FEDAK
Director de Cedice Libertad

PRÓLOGO

Nos ocurre muchas veces que, desesperados por encontrar cómo resolver un problema, clamamos por lo que solemos llamar «soluciones prácticas». Y mientras más acuciante se hace el problema más intenso nuestro rechazo por todo lo que huela a teoría. «Vayamos a lo concreto» es la forma que toma la urgencia que muchas veces sentimos por encontrar respuestas a las dificultades que nos agobian. Ocurre que Kurt Lewin, considerado por muchos como el fundador de la psicología social, escribió a principios del siglo xx, que «no había nada más práctico que una buena teoría». La afirmación es contraintuitiva y, sin embargo, profunda. Muy profunda y cierta.

Esta es la primera reflexión que viene a mi mente cuando cae en mis manos el libro *El fraude del rentismo*, de Isabel Pereira. Porque es un libro escrito buscando respuestas a una tragedia muy concreta y real, muy diaria y dolorosa, que padecen millones de personas en nuestra muy sufrida Venezuela. Una tragedia de escala histórica y universal. Sin duda, la peor que se ha conocido en el hemisferio occidental en tiempos modernos. E Isabel Pereira se presenta frente a este drama con una teoría, con una gran caja de ideas, conceptos, propuestas de estrategias y políticas. Como creo a pies juntillas lo que dice Lewin sobre el valor de la teoría, le doy la bienvenida y celebro este libro. De nuevo, porque creo que es siempre por donde hay que comenzar: por la teoría.

Como toda tragedia social, la venezolana está repleta de oscuridad, confusión, desconcierto. Nos resulta difícil entender lo que nos ha ocurrido; explicarnos cómo fue que descendimos a estos sótanos del infierno humano. Y, por supuesto, todavía más difícil resulta visualizar el camino para recuperar nuestra libertad y para ir más allá de donde alguna vez estuvimos; para ser un país prospero, justo y feliz. Es sobre esa oscuridad sobre la que Isabel Pereira arroja luz. Con una reflexión profunda, extensa y madura va mostrando los eslabones causales que nos remiten a este presente tan sórdido y penoso. Isabel trasciende por mucho la coyuntura; la coyuntura de un gobierno o de un régimen. No se detiene en las causas más inmediatas o recientes de lo que nos sucede, que siempre las hay y que muchas veces ocultan razones más profundas que están detrás de los fenómenos. Sigmund Freud preguntaba, ¿por qué llora el niño? Y cuando le respondían, «porque le pegaron»; volvía a preguntar: pero ¿por qué llora el niño cuando le pegan? Quería ir a la razón última, la razón fundante. Tampoco se parquea nuestra autora en alguna dimensión particular de nuestro drama. No hay sesgo economicista o culturista en su aproximación a lo que nos acontece. Hurga, por el contrario, en las más diversas manifestaciones de la vida social; desde la economía, hasta la cultura.

En la búsqueda de esas determinaciones últimas de nuestros males y padecimientos, Isabel encuentra al Estado patrimonialista, al que desnuda hasta verle el hueso. Se trata de un Estado que no solo se hace dueño de las principales riquezas materiales del territorio sobre el cual tiene soberanía, sino que además y, en gran medida, gracias a ello, se apodera de sus súbditos, de su voluntad, impidiéndoles ser, ultimadamente, hombres libres. Es un Estado centralista y centralizador que toma para sí todo el poder, que deja inerme e irrelevante a todas las instituciones, si es que se les puede llamar así. Un Estado centralizador que termina por convertirse en una sola rama del poder; la del Ejecutivo. Y un Ejecutivo que termina por convertirse en un solo hombre: el presidente, o mejor dicho, el tirano. Mientras más extiende su garra sobre instituciones, organizaciones de la sociedad civil, activos, empresas y otros bienes de naturaleza esencialmente privada, menos oxígeno hay para la libertad. Habiendo sido el petróleo, hasta el día de hoy, nuestra principal riqueza material, el Estado patrimonialista toma entonces la forma de un Petro-Estado, y la relación que establece con la sociedad es una de naturaleza rentista. La sociedad se organiza en la forma de cazadores de renta, lo cual condiciona todo nuestro desenvolvimiento político, económico y social. Más profundamente aún, se forma una ética rentista que se incrusta en lo más profundo de toda nuestra cultura; que termina definiéndola. Isabel Pereira nos explica con brillantez cómo esa ética carcome la ética del trabajo productivo, mediatizando nuestro desarrollo espiritual y material. Es la ética de individuos para quienes no hay deberes, solo derechos. En sus palabras: «En el rentismo, para las personas imbuidas de esta noción, solo existen derechos, al modo de derechos naturales que abarcan toda la existencia, el derecho a educarme, a tener una vivienda, a acceder a bienes indistintos. El mundo es unipolar, las personas tienen derechos ilimitados y escasas obligaciones».

Al convertirse en un ser que no es sujeto de deberes, mas solo de derechos, la condición de ciudadano no llega a constituirse. Podría decirse, inclusive, la condición de personas plenas tampoco se logra. Porque los deberes son constituyentes fundamentales del ciudadano y de la persona misma. Y sin ciudadanos no hay ciudadanía, no hay sociedad civil. Ese contrapoder del Estado que son los ciudadanos organizados, activos, vigilantes, solidarios, comprometidos no se forma. El Estado ocupa todo el espacio societal.

El Estado patrimonialista impide la existencia de hombres libres; y si no hay hombres libres, tampoco habrá emprendedores en su más amplio sentido. Porque para emprender a todas las anchas de la imaginación y el espíritu humano, hay que ser libres. El emprendimiento es un tesoro humano y solo puede ser abierto y expandido a plenitud por hombres emancipados de cualquier esclavitud social. Isabel canta loas al emprendimiento porque bien sabe y nos explica que en la base del progreso humano está la capacidad de emprender. Libertad, emprendimiento y trabajo. He allí tres claves del progreso que el Estado patrimonialista liquida en sus cunas.

El régimen socialista que se instauró en Venezuela desde hace aproximadamente dos décadas no ha hecho sino exacerbar al máximo las tendencias patrimonialistas que traía el Estado desde antes de su aparición. Con el socialismo, la industria petrolera ya no fue suficiente. Ese Estado quiso apropiarse tanto como fuera posible del aparato productivo nacional. Empresas y activos de todo tipo fueron expropiados. Desde empresas telefónicas hasta pequeños comercios pasaron a estar bajo la férula directa del Estado. Fue la manera de someter completamente al sector privado, de doblegarlo. En lo que fue un hecho insólito, el régimen socialista utilizó los inmensos ingresos petroleros que se produjeron durante una década, desde el 2004 hasta el 2014, para quebrar al sector privado doméstico, fundando nuevas empresas públicas, expropiando muchas privadas e importando masivamente productos en una competencia abiertamente desleal con este.

Ese Estado patrimonialista-socialista no solo liquida al sector empresarial privado. Además, nos castra como sociedad y como individuos. Isabel nos explica cómo ese Estado ha bloqueado el desarrollo de hombres libres y emprendedores, así como de una sociedad civil robusta y vigorosa; hecha de ciudadanos responsables y solidarios. Es la realidad que percibimos hoy. Una sociedad civil ya históricamente débil desde antes de la llegada del régimen chavista al poder, se ha hecho aun más precaria.

Ha de quedar claro que la crítica del Estado patrimonialista no es una crítica a toda forma de Estado. En palabras de Isabel, «No se trata del infantilismo de convertirnos en enemigos del Estado, sino en comprender su naturaleza institucional, como conjunto y aplicación de normativas en defensa de la libertad con límites impuestos en las leyes y procedimientos aceptados». Isabel comprende el papel fundamentalísimo del Estado. Un Estado que asume las funciones y responsabilidades que los ciudadanos, por mejor organizados que estén, o el sector privado no pueden asumir. En estos tiempos del coranavirus, a los que Isabel Pereira hace también referencia al final del libro, la necesidad de un Estado eficiente y centrado en lo que son tareas suyas indelegables, se constata con mucha fuerza. De nuevo, en su visión, el problema es el Estado patrimonialista.

El fraude del rentismo trasciende el diagnóstico de nuestra realidad nacional. Es además un mapa al futuro; un mapa para encontrar el camino y corregir el rumbo. Contiene propuestas para ello. Son numerosas y abarcan todos los ámbitos de nuestro desenvolvimiento social. En el centro de todo ello está un nuevo Contrato Social. Uno en el que se consagra el capitalismo humanista como la forma de organización que nos debemos dar. Ello supone reconocer la primacía de la libertad individual, para lo cual el Estado de derecho y la separación de poderes es fundamental. Instituciones sólidas que aseguren que el poder está lo suficientemente repartido en la sociedad de manera que ningún actor pueda aplastar al otro a discreción. La tensión entre actores e instituciones, todas con poder, se resuelve con reglas y normas que hay que cuidar. De nuevo, ese es el Estado de derecho. Para la reforma de varias de estas instituciones que hoy no son sino meras fachadas, Isabel nos hace propuestas. Así, por ejemplo, cuando habla del poder legislativo, plantea la reinstauración del bicameralismo y define las funciones principales que el senado y la cámara de diputados deben cumplir.

Pero hay que ir mucho más allá del modelo político institucional y de los arreglos económicos. Reconciliar a los venezolanos con un capitalismo humanitario implica un arduo y profundo trabajo de ruptura de la hegemonía cultural, ejercida en la práctica o desde la sombra, como hemos visto en algunos países de la región. Significa trabajar los valores y creencias que se han instalado en nuestra conciencia colectiva. Hay que desmontar mitos. En este libro encontramos una relación de los más nocivos de ellos y el contradiscurso que les corresponde. Esta es una de las tareas centrales que tenemos por delante. Desmontar un imaginario colectivo profundamente afectado por el socialismo, el populismo, el estatismo, el rentismo, el militarismo, el centralismo. Construir uno nuevo que nos permita concebir y desarrollar prácticas sociales alternativas, de libertad y progreso. En ese nuevo imaginario colectivo, debe estar el individuo como centro y punto de partida. El individuo libre y responsable.

Una nueva conciencia, que entiende que la riqueza está dentro del individuo, dentro de cada uno de nosotros, reubica El Dorado legendario; que llega a descubrir que ese lugar mágico que hemos estado persiguiendo desde tiempos inmemoriales, siempre lejos, lleno de fortunas, está más cerca de nosotros de lo que pensábamos, pues no es sino el espacio donde se desarrollan nuestras capacidades y talentos; es decir, nuestro propio espacio, nuestro propio ser.

La transformación social que Isabel Pereira plantea requiere, como ella misma lo admite, la construcción de consensos de muy diverso tipo. Esos consensos los promueve y construye el liderazgo en sus diversos ámbitos; político, económico, social. El punto de partida es el consenso político y, por tanto, la primera tarea le corresponde a los líderes políticos. ¿Qué y cómo hacemos para que nuestros principales líderes políticos, aquellos que creen en la necesidad de impulsar estos cambios, adelanten esa tarea? ¿Qué se los impide hacer? Sin duda, el régimen totalitario en el cual opera el país es uno de los obstáculos fundamentales. Entre otras cosas, ese régimen los persigue, los bloquea. Pero también es verdad que nos ha faltado una visión más integral del país que queremos construir y de las grandes jugadas que debemos hacer para lograrlo. Es aquí donde este libro cumple un papel importante.

Invito, pues, al lector a leer con detenimiento esta obra; a evaluar y reflexionar sobre sus numerosas líneas de pensamiento. A disfrutar, inclusive, los lúcidos razonamientos que Isabel Pereira nos ofrece sobre nuestra historia, nuestra situación actual y nuestros posibles caminos de transformación. Allí hay una masa madre de ideas y conceptos que podemos utilizar como herramientas para divisar un posible futuro. De nuevo, no hay nada más práctico que una buena teoría. Es esto lo que la autora nos deja en nuestras manos.

GERVER TORRES

Junio 2020

EL FRAUDE DEL RENTISMO

Confieso que este trabajo ha significado una liberación personal, una oportunidad para domeñar angustias nacidas de episodios que han marcado mi existencia desde aquel inicio, cuando recién egresada de la UCV tuve la maravillosa oportunidad de recorrer Venezuela, escuchar a familias, jefes de hogar, mujeres, hombres, comunidades, pequeños y grandes empresarios, empleados y trabajadores en sus diversos lugares de faena.

Este libro no es una autobiografía, es un intento de convertir experiencias en razones, nacidas de esa conexión directa con las vidas de la gente de esta tierra. Experiencias fructíferas que han parido una poderosa reflexión, un orden de pensamiento que pretende contribuir a la imperiosa y urgente necesidad de encontrar nuevos caminos para nosotros los venezolanos.

Albergo la esperanza de acompañar al lector en el entendimiento de las formas como se implantan y practican pensamientos y creencias, que llegan a modelar nuestra manera de vivir y de ser, las decisiones que tomamos, y la dócil sumisión frente aquellos que se erigen ante nosotros como líderes.

El combate es contra un sistema que se arroga una falsa superioridad moral, que la convierte en su argumento más seductor para las masas. En el fondo, es reforzar el margen de libertad que tenemos para decidir sobre los eventos que marcan nuestra existencia, sin pretender desatar una cacería de culpables. Solo demostrar que no estamos condenados, que hay salida y podemos elegir cómo vivir.

El trabajo está dividido en cuatro partes. En la primera, expongo las ideas sobre el rentismo, la responsabilidad individual y el poder ciudadano, desde una mirada distinta, proponiendo una nueva significación política. En la segunda, concentro el análisis en el Estado, incorporando una propuesta en desarrollo para desarmar ese poderoso modelo rentista que estamos padeciendo.

La tercera parte es un recorrido por ese dominio cultural, producto de la convivencia en una sociedad marcada por el rentismo, que con sus mitos y creencias propagadas y asimiladas, paraliza al venezolano; incluyendo ahora al nefasto *socialismo del siglo* XXI, proyecto fracasado en su intento de apoderarse de la conciencia de los venezolanos. Me atrevo a afirmar que la estrategia de usar los mitos y creencias que tradicionalmente albergan los venezolanos como vasos comunicantes de las ideas comunistas no ha funcionado. Ha sido derrotada por el estruendoso fracaso económico, político, social y cultural de los regímenes que pretendieron implantar esta doctrina en Venezuela, subordinados a un proyecto regional de extensión del comunismo, en conexión directa con el régimen marxista cubano. Después de veinte años de control del aparato del Estado, el régimen solo cuenta con las fuerzas armadas y los cuerpos represivos como su base de apoyo.

En la cuarta parte, expreso conceptos que permitirán vislumbrar un nuevo camino hacia la reconstrucción del país. No es una reflexión teórica, aplicable a cualquier parte del mundo, lo que intento es vernos de cerca y reflexionar. No espere encontrar una exposición de políticas públicas. Mi aspiración es contribuir a una movilización de conciencias capaz de inducir cambios, transformaciones decisivas en nuestras cortas existencias, sustentadas en la decisión política de invertir en la gente, rescatar y dignificar nuestro liderazgo social, y enrumbar nuestras instituciones por la ruta de la inclusión, la responsabilidad y prosperidad para una nueva Venezuela.

UN INTENTO DE COMPRENDER

*La comprensión, en suma, significa un atento
e impremeditado enfrentamiento a la realidad,
un soportamiento de ésta, sea como fuere.*
HANNAH ARENDT

ADIÓS AL FRAUDE DEL RENTISMO

La aspiración al escribir este libro es contribuir al florecimiento de una nueva conciencia entre venezolanos y latinoamericanos, que nos guíe en la comprensión de los bruscos y dolorosos cambios de nuestros procesos históricos. ¿Cuán víctimas y cuán responsables somos?

Responder a la inaplazable pregunta ¿por qué nos hundimos en períodos oscuros de nuestra historia, aun después de haber, en el pasado reciente, recuperado y ejercido una moderna, aunque imperfecta democracia, sin violencia? Cuestión imposible de aclarar sin desentrañar las raíces de la desigual relación entre un Estado poderoso, en contraste con un ciudadano ausente y débil, auspiciado por una suerte de hegemonía cultural que ejercen las ideas socialistas en esta parte del mundo.

La fatídica intención de imponer el socialismo en un país rentista como Venezuela nos ha sumido en una crisis total. Destrucción del aparato productivo y, por ende, restricción del liderazgo empresarial, caída de los servicios públicos y relegación e intento de sustitución del liderazgo técnico, fruto del desarrollo de capacidades en las distintas áreas. Igualmente, pérdida de legitimidad y competencia de los garantes de la ley, jueces, policías y militares, responsables de la seguridad del país, de las personas y sus patrimonios.

No existe ninguna experiencia histórica en la cual el intento del socialismo de socavar culturalmente a una sociedad, destruyendo sus liderazgos y capacidades haya tenido éxito. Los efectos son totalmente contrarios, caída del crecimiento económico, debilitamiento de procesos en todas las áreas de la existencia humana, retraso técnico y tecnológico, opresión y confinamiento a patrones impuestos de desarrollo cultural y envilecimiento de condiciones de vida para toda la población.

Uno de los efectos más letales de la combinación entre rentismo y socialismo es la creación de símbolos y liderazgos con pies de barro, tales como Chávez, el *comandante galáctico*, Fidel, *el caballo*, el afiche del Che Guevara, Mao Zedong, Pol Pot, Kim Il Sung, Josef Stalin, entre otros conductores de masas que han ejercido un efecto destructivo en la búsqueda de la prosperidad de los pueblos. Procesos demoledores, ineluctablemente aparejados con el intento de anular el liderazgo social, derivado de la responsabilidad, de competencias asumidas frente a las carencias, injusticias, desatención a problemas vitales para la vida comunitaria, y al ejercicio pleno de libertades y derechos.

El resultado más obvio de la implantación del socialismo es el debilitamiento del capital social, entendido como la fortaleza de las redes, las normas, valores, opiniones y confianza, que permiten la acción y la cooperación para el beneficio mutuo (desarrollo y democracia). En otros términos, acciones que afectan la calidad y cantidad de las interacciones en los distintos procesos sociales y económicos, promoviendo ventajas, oportunidades y libertad.

La mezcla entre rentismo y socialismo colectivista es depredadora del capital social al enajenar la confianza, la reciprocidad y la cooperación entre individuos y transferirla o concentrarla en el Estado, en el partido único o en los agentes ideológicos propios del socialismo.

El rentismo no se reduce –como siempre hemos creído– a una relación fundamentalmente económica, donde el dueño de la renta manda y el resto obedece. El rentismo es mucho más, sus raíces crecen en nuestras cabezas, en nuestras conductas, en las percepciones y, por supuesto, en las acciones. Forma un espectro antropológico del ser humano que crece bajo su dominio. Como diría Fernando Savater, se transforma en una ética, un atajo para intentar encontrar el buen vivir.

Como algo peculiar, la mente de los individuos inmersos en culturas rentistas está bajo el dominio de mitos, que se instalan como emanaciones ideológicas y se trasmutan en fuerzas que empujan a los pueblos latinoamericanos a batallas equivocadas. A defender la inefabilidad de la lucha de clases como solución única a los desajustes sociales, a mantener la consigna que convierte todas nuestras necesidades automáticamente en derechos, oscureciendo totalmente nuestra indispensable cuota de responsabilidades y obligaciones.

La combinación más nociva que puede experimentar cualquier sociedad es la fusión de la ética derivada del rentismo con los intentos de imponer modelos socialistas colectivistas, tal es el caso de la experiencia venezolana con el *socialismo del siglo xxi*. En esta mezcla, se funden los rasgos más notables del rentismo con dos temas clave del socialismo: la destrucción de la propiedad privada y el intento de aniquilación del liderazgo social, económico, político y cultural, genuinamente emanado de los aportes y luchas emprendidas por sectores, partidos e individuos, en pos de establecer libertades económicas, seguridad jurídica, democracia política y florecimiento cultural.

El **rentismo-socialismo** es un monstruo multiforme, esteriliza la capacidad reproductiva de los ingresos generados por las empresas del país, afecta la vida laboral de los pueblos, por la sustitución de la ética del **trabajo**, entendida como energía que mueve la conducta económica de las personas, el carácter de las instituciones y los comportamientos individuales y colectivos, por una **ética del rentismo**, basada en la participación en el reparto de cuotas de los ingresos o beneficios, y en la imposición ciega de una noción de igualdad, como pulsión material a la expoliación de la propiedad de los bienes de otros.

Confieso que siempre he albergado una terrible sospecha sobre el rentismo, lo veo como un fraude que le han perpetrado los políticos a los ciudadanos. La inquietud parte de reconocer que la industria petrolera, formada por venezolanos, tenía ganancias producto de su competitividad, lo cual era conceptualizado popularmente como ingresos obtenidos solo por el arrendamiento o cesión de la propiedad. Estos beneficios que llegaban a manos del gobierno podían ser utilizados estratégicamente como capital reproductivo, dilapidarlos como gasto corriente, según los caprichos de los gobernantes. Es decir, repartirlos como si fuese una renta, en su concepción popular, una retribución que recibimos sin mayor esfuerzo.

La duda consiste en preguntarse si los ingresos petroleros nacen de la capacidad de la empresa venezolana, que coloca en el mercado mundial su producto como cualquier empresa capitalista; entonces no es una renta, es una ganancia, a la cual el Estado le da el tratamiento político de renta, al negarle su capacidad de revalorización e inversión productiva, necesaria para el crecimiento económico. Allí está el fraude, despojar los ingresos petroleros de la capacidad de motorizar el crecimiento económico y convertirlo en gasto corriente del Estado, manejado discrecionalmente por los grupos que ejercen el control político. El manejo rentístico discrecional se trasmuta en base del poder político, funcionando como barrera a la posibilidad de crecer y alcanzar mayor bienestar.

Por tanto, es imprescindible comprender que el rentismo le da otra connotación al esfuerzo necesario para lograr objetivos asociados al crecimiento. Ejecuta una operación subjetiva de anulación-extracción de la energía laboral y su trasmutación en sentimientos difusos y complejos, entre ellos, la legitimación-validación de la espera, aferrándose a la idea de que lo deseado algún día llegará, basada en la conversión de un deber en derecho. Se espera porque: *están obligados a darme lo que me corresponde, es mi derecho.* Una derivación de una falsa convicción, *soy dueño de una riqueza a pesar de que en su creación no he participado.*

En el rentismo, para las personas imbuidas de esta noción, solo existen derechos, al modo de derechos naturales que abarcan toda la existencia, el derecho a educarme, a tener una vivienda, a acceder a bienes indistintos. El mundo es unipolar, las personas tienen derechos ilimitados y escasas obligaciones.

En los mundos rentistas alguien asume el poder y decide. Si el poder emana de la condición de ser receptor de la renta, ergo, está en esas manos que la reciben, que luego, asume el poder ilimitado de distribuir, sin controles. Este es el espejo del rentismo. Gente que percibe la renta y asume el poderoso papel de designar a los receptores, y una masa que solo espera recibir aquello que considera suyo de forma natural.

El olvido de los deberes u obligaciones conlleva a un atrofiamiento de las posibilidades de expansión del ser. Acceder a oportunidades está asociado al desarrollo de capacidades, lo que puede traducirse también en las responsabilidades que se pueden asumir. Si no hay esfuerzos notables para desarrollar capacidades, las responsabilidades serán irremediablemente mermadas, disminuidas, sustituidas por una sensación de invalidez o por el avasallamiento de sentimientos de injusticia que llevan a reclamar derechos sin respaldo de obligaciones.

Las capacidades son la potencia más grande que tiene que desarrollar el individuo. Es la conciencia de depender fundamentalmente de las habilidades posibles de poner en práctica, del dominio de procesos que le permitan participar en la creación de riquezas y, en contrapartida, recibir las ganancias, gratificación, remuneración, beneficios o recompensas legítimamente adquiridas.

El cambio trascendental frente al rentismo es la posibilidad concreta de superar la pasividad del que se limita a esperar. Es tener la libertad para hacer esto o aquello, para decidir sobre las cosas que a cada persona le resultan valiosas ser o hacer. La idea que repite Jordan Peterson ante sus extensos auditorios, «apoderarse de la conciencia de que podemos mejorarnos a nosotros mismos».

Mientras tengamos más capacidades de ser y hacer, nos acercamos más a una nueva dimensión del bienestar, que no depende de lo que recibimos desde el exterior, sino de lo que podamos conquistar con nuestros conocimientos, habilidades y técnicas desde nuestro interior. El individuo que adopta como método de vida o filosofía la creación de capacidades tendrá muchas más probabilidades de ser libre y feliz, que aquel que pasivamente espera respuestas, donaciones, subsidios y asistencia desde el exterior. La construcción de capacidades es opuesta a la filosofía que emana del rentismo, a la cual calificamos de **ética rentista**.

La visión de las capacidades se enfrenta de una manera orgánica con las ideologías concentradas en la lucha de clases propias del socialismo, en los enfoques expropiatorios que tratan de arrebatarle al que produce, al que genera valor, como solución ante las necesidades insatisfechas.

El desarrollo de capacidades es el aspecto positivo de las propuestas de cambio. Su núcleo no son los determinismos estadísticos de las necesidades básicas, la carencia de bienes primarios o los recursos con los que cuenta un individuo; sino las habilidades y conocimientos que le permiten lograr seres y haceres valiosos. Se trata de la libertad con la que cuenta cada persona para alcanzar aquello que valora. El enfoque de las capacidades cambia radicalmente el papel del Estado, de proveedor de asistencia, ayudas, apoyos, subsidios para responder a las necesidades básicas, a otro cuyo gran objetivo es contribuir a acrecentar y facilitar la habilidad de las personas para hacer actos valiosos.

Si la clave del bienestar se enfoca en las capacidades, la probabilidad de existir en libertad es mucho mayor a la dependencia de la participación en el reparto discrecional, la expropiación y re-adjudicación arbitraria de bienes y servicios. En el rentismo, la valoración de las capacidades carece de un efecto ordenador porque lo que se recibe no está relacionado con responsabilidades, obligaciones y trabajo, se trata más bien de un manejo discrecional del reparto y del acceso al bienestar impuesto desde el ámbito político.

El rentismo o pasivismo-reaccionario es un mal que ha inundado a Latinoamérica. Se reclaman bienes gratuitos, salud, vivienda y educación, beneficios sin soporte, recostados sobre la capacidad productiva y creativa de minorías, a quienes se les acusa de explotar, prevaricar, acaparar y todos los vicios posibles de endilgarse al que genera valor, producto de su esfuerzo y creatividad.

En este hemisferio, la valoración del trabajo y el emprendimiento está aún en la penumbra, oscurecida por la visión de la creación de riqueza como producto de la explotación, de la extracción de la plusvalía generada por el trabajador, y de la idea dominante del trabajador como único productor de riquezas, siendo el beneficio del empresario un simple acto de rapiña sobre el esfuerzo de la masa laboral.

El resultado de esta estrategia de destrucción ha sido la pérdida de capital social, el deterioro de la calidad de vida de la población, sometida a condiciones infrahumanas en todos los terrenos de la vida. Crisis alimentaria, de la salud, carencia de seguridad personal, colectiva y patrimonial, afectación de la vida comunitaria, pérdida de confianza, y finalmente la imposibilidad de contar con un ambiente de paz que garantice las aspiraciones de crecimiento y mejora de las condiciones de vida de los individuos, familias, sectores sociales, comunidad y país.

Con base en estas consideraciones se impone un reclamo necesario en nuestros países latinoamericanos. En Venezuela, especialmente, por haber sido el escenario de la última intentona de toma del poder por el socialismo, sobre la inaplazable decisión de invertir en la gente, de reconocer y fortalecer las capacidades humanas, darle poder, nutrir el capital social y su liderazgo, valorar la importancia de la educación como máxima prioridad.

Los hechos educativos no adquieren en el rentismo-socialismo el carácter de actividad de primer rango, al contrario de lo que ocurre en los países más avanzados, donde la atención a la sociedad se centra en grandes eventos educativos, tales como la presentación de pruebas para finalizar el bachillerato en Francia, la calidad de la red de comedores escolares de París, la importante organización social en las ciudades estadounidenses para proveer del transporte a los escolares, utilizando las imponderables redes municipales de buses amarillos. En Estados Unidos, todo niño y adolescente cuenta con transporte a su sede educativa y con alimentación en el horario escolar. Servicios de las alcaldías respaldados por un uso eficiente de los impuestos ciudadanos, transparencia y rendición de cuentas permanentes.

La visión socialista-rentista es un sumario de mitos que invaden y son capaces de albergarse en la conciencia ciudadana. Por ende, el adiós al rentismo y al socialismo debe constituirse en una propuesta que transforme las creencias y mitos que paralizan la conciencia de los ciudadanos, ofreciendo la bienvenida a nuevos valores.

Poder de la educación, respeto del liderazgo social y técnico, oportunidades abiertas de adquirir capacidades, libertad para crecer económicamente, reconocimiento de la propiedad privada, instalación de un modelo de gobierno que respete al ciudadano y disposición política y cultural de considerar al individuo responsable como el sujeto de la historia. Metas en su mayoría frustradas en Latinoamérica, y especialmente en Venezuela, nación con cuantiosas riquezas naturales, que no le han servido de plataforma para construir un mejor país.

El rentismo teje una red institucional que le garantiza su mantenimiento, a la vez que profundiza en la siembra de una hegemonía cultural que logra el insólito objetivo de convertir en defensores a sus víctimas, los sectores más pobres, la gente con difícil acceso a la educación y al trabajo. Convierte por arte de la ideología a sus víctimas en defensores.

Un intento de comprender

Es imposible negar que, en la ruta emprendida por Venezuela durante los últimos setenta años, el gran perdedor, el gran ausente, ha sido el ciudadano y su responsabilidad en los designios de la sociedad. Hoy se impone la necesidad de comprender la significación de las ideas y hechos históricos, valorados más en su forma u apariencia, que en su esencia como expresión de libertad.

Los planteamientos movilizadores se han concentrado en búsquedas de derechos y privilegios, opacando totalmente los compromisos como seres humanos responsables con su vida propia y con su sociedad. Es innegable que la figura del ciudadano se ha ido desvaneciendo, tanto en sus derechos y privilegios, como en el terreno de sus responsabilidades y decisiones. Frente a esta opacidad del ciudadano el Estado, como institución dominante, ha crecido, ha aumentado incesantemente su poder, legislando a su favor, fortaleciendo a todos aquellos que en ese camino nos han conducido a abismos de destrucción, pobreza, miseria y pérdida de la dignidad humana. Cada vez se han vuelto más brumosas las posibilidades ciertas de pensar desde Venezuela en un proyecto de sociedad distinto, en una encarnación del ciudadano responsable, capaz de otorgarle a la ética un papel decisivo en la constitución de la sociedad.

Hoy enfrentamos las consecuencias de la terrible experiencia de intentar imponer un modelo socialista en Venezuela. Un trágico naufragio, marcado por el hambre, la pobreza sin límites, el irrespeto a la condición humana de los ciudadanos. Una hegemonía cultural culpable del exterminio de los medios de comunicación, la persecución, prisión y muerte de los opositores extendida por todo el territorio.

La imposibilidad de alentar emprendimientos y transformaciones basados en la creatividad humana se yergue como una barrera infranqueable por doquier. Pero en ese mismo fracaso hay que leer las oportunidades. Esa inmensa tragedia constituye la posibilidad de un renacer, porque no se trata de una sociedad que ha perdido los valores, sino que tiene, por primera vez en su historia, la oportunidad de fortalecer valores que propendan a enaltecer la responsabilidad de los individuos, entregar el testigo del orden y el crecimiento a los ciudadanos, y los arranque de manos de un Estado con pretensión colectivista, masificadora, que paradójicamente trabaja en beneficio de unas minorías arropadas por una falsa superioridad moral.

Como afirmaba nuestro maestro Emeterio Gómez, el proyecto global izquierdista ha fracasado en toda América Latina, desde Pancho Villa, Zapata, Lázaro Cárdenas y el PRI, en México; hasta Perón, Allende y los Tupamaros en el Cono Sur; Haya de la Torre y el APRA, en Perú; el izquierdismo en Brasil, las FARC, el ELN y los movimientos guerrilleros en Colombia, Centroamérica y Cuba.

Se suma a estos símbolos trágicos de más de medio siglo de destrucción de un país y de su gente, el abortado socialismo del siglo XXI, pleno de fracasos, derrotas y expropiaciones. Culpable del derramamiento de sangre de todo ciudadano que se oponga a la coacción socialista, y al inaudito y terrorífico afán de imponer un hombre nuevo despojado de espíritu, ciego ante la realidad, el hambre y la miseria que provocan con su destructivo proceso de eliminación de toda fuente de generación de riquezas.

Es menester reconocer que el proyecto socialista fracasa, pero es indudable que aún se esconde en los intersticios de la conciencia de individuos y de sectores intelectuales. Gente a la que aún le cuesta creer que la propuesta socialista es un atajo que conduce indefectiblemente a la servidumbre, que desvaloriza totalmente al individuo y, en su lugar, intenta erigir viejos modelos de dictaduras populistas, militarismos ávidos de poder y riquezas, y lo más penoso, la perpetuación de liderazgos que conducen a los pueblos a batallas perdidas, a la destrucción de la convivencia, a la confrontación en defensa de una igualdad material que conlleva inexorablemente la destrucción de los más preciados patrimonios de la sociedad.

El fracaso del socialismo no significa su derrota, como una mala hierba crece y embruja a intelectuales, artistas, a los más jóvenes. La única defensa es la plena conciencia de la necesidad de forjar instituciones que garanticen nuestros derechos y libertad. Ese es el legítimo antídoto ante el peligro de convertirnos en un país sin destino, una gran expectativa que parte de valorar y reaccionar frente a la ausencia institucional, que nos permite aspirar a la reconstrucción de una sociedad de individuos responsables, de ciudadanos.

Algo nuevo, el poder ciudadano

Es innegable que quienes comparten la prédica rentista-socialista actúan incansablemente. Durante décadas, nos hemos hartado de escuchar las admoniciones sobre las virtudes del poder del Estado y de su derivado, el poder popular. «Si el Estado es propietario todos somos propietarios». «La propiedad del Estado es estratégica». «El Estado vigila, tú estás a salvo». Consignas que cual ritornelo desparece o evapora la importancia de las decisiones individuales, de la capacidad de elegir, de actuar según los designios de una conciencia que busca la libertad a cualquier precio. En lugar de la responsabilidad emerge el poder popular. La historia ha sido muy elocuente, en todas las sociedades en las cuales se ha intentado construir un poder en unas manos indefinidas del pueblo, siempre se termina en episodios de brutal concentración de poder en las garras de los dueños del Estado. Es el caso de Stalin, Mao Tse Tung, Pol Pot, Kim Jong-un. Una voz autoritaria designa quién y qué es pueblo y quién su enemigo. Basta citar, entre nosotros, a Fidel Castro, Hugo Chávez, Juan Domingo Perón. El poder popular siempre termina entronizando dictadores, gobernantes que concentran en sus manos todo el poder y frente a los cuales ninguna institución tiene la capacidad de limitar su mandato.

El engañoso manantial de virtudes representado por la presencia del Estado, significa, entre otros temas, la aceptación o dejación de poder del ciudadano, aquel a quien en apariencia el Estado representa. En realidad, cuando se trata de conceptualizar el Estado, nos encontramos con un hecho paradójico: el Estado no es más que una institución a la cual el ciudadano cede un poder, transferido mediante las reglas de juego vigentes, normalmente mediante el ejercicio del derecho a elegir, que otorga capacidad de administrar y gestionar las cosas, tal como el ciudadano decida. No se trata del infantilismo de convertirnos en enemigos del Estado, sino en comprender su naturaleza institucional, como conjunto y aplicación de normativas en defensa de la libertad con límites impuestos en las leyes y procedimientos aceptados.

Según nos dice Hannah Arendt:[1]

La libertad solo es posible cuando existe pluralidad y es condición por ende de la política. La multiplicidad de reacciones conforme a lo que debe ser el hombre, la libertad de empresa y adquisición de la propiedad, la equidad en y ante la ley y la disposición sublime del hombre de hacer lo que crea que es conforme con su beneficio deben de ser premisas en las cuales el Estado resguarde la libertad como tal.

Acercarnos a la noción de poder ciudadano es un tema complejo, porque necesariamente entra en el terreno de la política como la define Hannah Arendt.

Se trata del estar juntos y los unos con los otros los diversos, de un hecho ineludible: la pluralidad humana. Esta es la condición sine qua non *de la política, el hecho de que las personas conformen una pluralidad de individuos únicos y diferenciados entre sí, y es precisamente este elemento de pluralidad el que la política debe preservar. La política surge en el entre y se establece como relación entre diferentes.*[2]

Vale la pena recordar que, en la incansable búsqueda de explicaciones, Adriano González León, premonitoriamente, escribió *País portátil*, una novela clave para entender a Venezuela. Su visión era que en realidad nunca habíamos logrado fundar una sociedad de ciudadanos con profundas raíces, con instituciones garantes de los derechos y deberes, sobre todo con el vislumbre de una esperanza que pudiera arraigar la gente a su tierra y comprometerse con la construcción de su futuro.

Si ahondamos en la significación del *País portátil* encontramos verdades amargas, que por ser tales, no deben ser desechadas. La primera refiere a las grandes decisiones políticas, las relativas al reparto de poder en los inicios de la democracia. Entre nosotros a diferencia de los descubrimientos de Tocqueville sobre la importancia del individuo en la *Democracia en América*, el individuo ha sido sustituido, dejado de lado.

En las naciones en las que priva el dogma de la soberanía del pueblo, cada individuo constituye una parte igual de esa soberanía y participa igualmente en el gobierno del Estado.[3]

La decisión primera de nuestro naciente liderazgo civil, giraba en torno a quién era el sujeto del poder, después de la derrota del caudillismo en el siglo XIX y de la *aparente* desaparición del militarismo en el siglo XX. Al final era una apelación a la responsabilidad del ciudadano de decidir cuál camino tomar.

La decisión antes de 1958 fue contundente, o nos inclinábamos por una sociedad que fortaleciera a las personas, que descansara en la responsabilidad individual, en el Estado de derecho y en la libertad, experiencia nunca vivida, o decidíamos armar un poderoso guardián, que presuntamente pudiera garantizar que los derechos pautados en la Constitución fuesen respetados. Aquí ocurrió el momento de quiebre, la gran decisión, se optó por ceder al Estado el poder de cancerbero y propietario, basados en las amargas experiencias posindependentistas, la guerra incesante de caudillos, cientos de asonadas en un solo año y la falsa creencia de que este era el mejor camino para detener la imposición de la recién derrotada barbarie caudillista, las atrocidades de las dictaduras militares y las ambiciones oligárquicas de ciertos grupos. Como el ánimo de estos primeros líderes de la democracia era realmente alcanzar el bienestar del pueblo, imponer la justicia para todos y evitar el renacimiento de pretensiones dictatoriales, se aglutinaron todas las esperanzas en el Estado, institución que paralelamente a la modernización y urbanización del país, encarnaría un camino incesante de crecimiento y concentración de poder político, derivado, por supuesto, de su carácter de gran propietario de la riqueza nacional.

La concentración de poder en el Estado, y más propiamente en el Ejecutivo, fue el principio rector de la nación, Venezuela, totalmente respaldado por las disposiciones jurídicas contenidas en las constituciones vigentes.

Es evidente que si el poder del Estado crecía, el poder del ciudadano decrecía. La responsabilidad ciudadana era un reclamo sin fuerzas, no era el motor que movía la gestión, la administración y el orden del país. El resto de las instituciones, legislativas y judiciales simplemente se subordinaron a la existencia de un poder central, que con el paso del tiempo se hacía cada vez más fuerte. Allí está la clave del *País portátil*, ser solo aquello que el poder central decide. No hay otra esperanza que acercarse a la centrífuga de esa enorme maquinaria de poder. Las posiciones divergentes se anclaron en torno a utopías: promover la lucha de clases como motor de la historia, instalar una dictadura de un proletariado inexistente, porque todo el movimiento de la economía crecía en torno a los ingresos que recibía el Estado de una industria monopolizada.

Crecer, inventar, educarse, emprender no fueron grandes desafíos, el tema era poder entrar en la vorágine del reparto, nacida desde el corazón de la bestia, desde el Estado central. Por supuesto, en esta secuencia no era descabellado pensar que alguna vez ese Estado podría ser tomado por aquellos que escondían sus ambiciones, tras la propuesta de lograr una mayor suma de felicidad para todos. Esto quiere decir que, si todo el poder lo concentra el Estado, y por ende no somos plenamente capitalistas, qué nos impide convertirnos o saltar hacia el socialismo, la vieja utopía. Y el *País portátil* así lo hizo, porque su cultura institucional a favor de la libertad, el mercado y la responsabilidad individual era muy débil.

La ausencia del ciudadano, del civil en la definición del orden del país se ha atribuido a distintas causas. Una ha sido la consagración de la propiedad del petróleo en manos del Estado, condición que ha servido de plataforma para el ejercicio del control político, por quienes gozan del privilegio de decidir la metodología del reparto y la definición de prioridades. Otra explicación descansa en la justificación de la permanencia del poder militar en funciones de gobierno, en sustitución de la participación ciudadana, basada en el resabio y la persistente creencia de que los militares son garantía del orden y la paz, por su cultura de poder vertical, la exaltación de la obediencia, el autoritarismo y la reserva de las armas.

Hoy estamos aquí veinte años después, entre ruinas, con la gente huyendo despavorida, viviendo el mayor éxodo del mundo. El doble de los que emigraron de Cuba aterrorizados por Fidel Castro y el Che, culpables del fusilamiento de miles de personas. Hasta el *País portátil* se volvió escombros.

Ante esta circunstancia se abre otra gran ventana. Si reconocemos que hemos sido un *País portátil*, porque no logramos construir instituciones que garantizaran la libertad; si no acatamos leyes con base en la aceptación de que cada individuo constituye una parte igual de esa soberanía y participa igualmente en el gobierno del Estado; si podemos aceptar que hoy albergamos la certeza de que la utopía socialista es un camino a la servidumbre apoyado por el control de las armas, es decir, lo opuesto a la libertad humana; podemos proponernos limpiar el camino de basura, ni más ni menos que fortalecer el espíritu del ciudadano como aquel que decide, ejerce poder y lo vigila, con instituciones al servicio de sus aspiraciones de desarrollo humano que anhela una plena libertad, ejerciendo una responsabilidad que nunca hemos tenido.

Comencemos por plantear cómo desarmar ese Estado, y esas reglas de juego que nos han sometido desde el momento de nuestra independencia. Que decidan el espíritu y la razón y no el poder aniquilador de las armas, ni el control político del petróleo. Si estamos de acuerdo, sería imprescindible esforzarse en ello.

¿Quién es el individuo responsable?

Hoy compartimos estas angustias por la libertad y la responsabilidad con gran parte de la humanidad, incluso en países que podríamos calificar de triunfadores. En el norte de América asistimos a la aparición de nuevos juglares que arremeten contra la mayoría de los mitos que esconde la modernidad. Hombres como Jordan Peterson, Ben Shapiro, Steven Pinker, transitan por universidades y santuarios del pensamiento, refregándoles a los ciudadanos una feroz crítica a muchas de las ideas bajo las cuales se han arropado durante décadas.

Llaman a no esconderse bajo el manto de identidades, «me discriminan porque soy del Bronx», o «no soy blanco», o «mis padres vienen de un país pobre». Convocan a asumir la responsabilidad que les corresponde como individuos que aspiran ver realizados sus derechos, conminan a los jóvenes a replantearse la defensa de derechos y asumir sus responsabilidades como individuos autónomos. Proclaman, algo que siempre esperamos, el tiempo de la responsabilidad, saben que refugiarse en identidades disuelve al individuo, lo importante en una persona no es solo su raza y sexo, sino también su nivel de conciencia, sus opiniones y su proyecto de vida.

Este llamado que resuena en regiones con niveles de vida astronómicamente distantes del nuestro nos toca directamente. Nos obliga a preguntar quién es ese individuo, ese ser que parece estar anunciado, y en cuya aparición gravitan nuestras esperanzas de futuro. Antes es necesario remarcar que el individuo responsable ha sido el gran ausente en todo nuestro proceso sociohistórico, concentrado en la fundación de un Estado que devora nuestras iniciativas y aspiraciones.

Para superar las dificultades que afrontamos tenemos que dar el gran salto, dejar de ser una sociedad donde la persona humana se pierde tras el espejismo de pueblo, masa, colectivo, comunidad, comuna y todo aquello que simplemente extraiga o enajene la posibilidad de defender derechos, derivados del ejercicio de responsabilidades, de capacidad de decidir y de fomento de capacidades del individuo.

Puede parecer simple o ingenuo creer que las dificultades de hoy se derivan de habernos dedicado a construir una gran Estado y no un gran ciudadano. Sin embargo, esta idea nos permite entender por qué la educación ha sido un tema poco significativo en el campo de las grandes políticas. La educación no ha sido importante porque las disposiciones y acciones dependen de una voluntad colectiva, del Estado y no del poder de los individuos. No son las competencias de las personas las que inclinan la balanza, sino las orientaciones que se originan en esa gran maquinaria, un Estado construido por nosotros mismos.

Es pensable que la dificultad política que afrontamos en la coyuntura de hoy tenga dos niveles: el primero, cómo conseguir un cambio de régimen, lo que llaman el cambio político, y el segundo, complejo, estructural y dificultoso, cómo iniciar una transformación cultural, antropológica que conlleve la primacía del individuo responsable.

El primer reto ha sido difícil, estamos en eso, pero trascender del estatismo a otro modelo, donde el individuo soberano decida y sea responsable sin excusas, al cual se le rindan cuentas, significa un total cambio de la narrativa que nos ha acompañado hasta hoy. Es repensarnos, ir más allá de paquetes de políticas públicas sectoriales e instrumentales. Es la estocada mortal al rentismo. Este requerimiento indica el gran camino, es la certeza sobre la transformación. Para qué queremos cambios macroeconómicos si no es para crear las posibilidades a los individuos, en cualquiera de sus situaciones, de expandir todas sus potencialidades y posibilidades y que sean ellos los creadores de sus derechos y posibilidades.

En este trance, es menester resaltar la necesidad de diferenciar la existencia de más y mejores oportunidades, de otra categoría totalmente opuesta, la imposición de igualdad de resultados. Este ha sido un terreno para el surgimiento de supuestas utopías liberadoras, entre ellas el marxismo, que suponía que seríamos felices cuando se acabaran las diferencias entre clases sociales, solución que siempre sería producto de una guerra o lucha de clases, en la cual indefectiblemente unos destruirían a los otros.

La aspiración es lograr la posibilidad de alcanzar nuestras potencialidades y aspiraciones, sin imponer arreglos autoritarios acerca de los resultados. Tenemos que aceptar como seres humanos que nuestros logros se derivan de los esfuerzos de las capacidades que logremos adquirir y no de imposiciones orientadas a nivelar autoritariamente esos logros. Ben Shapiro repite a los estudiantes en las universidades estadounidenses: acepten que tienen que prepararse, aprender y luego trabajar con ardor utilizando todo aquello que han aprendido como resultado de sus esfuerzos, si lo hacen pueden considerarse triunfadores.

La igualdad ante la ley nos enfrenta a responsabilidades. Hay que mudar las luchas sociales de la defensa de los derechos a las responsabilidades. Los derechos solo serán producto de la responsabilidad con nosotros mismos y con los otros. El acceso a más y mejores oportunidades es un reto que se alza como un horizonte de posibilidades para todo ser humano. Dejemos de culpar a otros, seamos responsables y reflexionemos.

**DESARMAR
EL MODELO
RENTISTA**

- Desarmar el Estado propietario-rentista-patrimonialista
- Trascender los mitos de la ética rentista
- Nueva red institucional incluyente. Estado de derecho. Nuevo modelo de gobierno
- Esfuerzo en la creación de una cultura basada en ética del trabajo, emprendimiento y responsabilidad individual

NOTAS

1. Arendt, Hannah. https://filosofia-catracha.wordpress.com/2017/09/21/el-estado-y-la-libertad-una-vision-desde-hannah-arendt/\

2. https://filosofiacatracha.wordpress.com/2017/09/21/el-estado-y-la-libertad-una-vision-desde-hannah-arendt/

3. Tocqueville, Alexis. *La democracia en América*. Amazon, Paperback, 2006.

II.
AUGE Y CAÍDA DEL ESTADO PATRIMONIAL

NACIMIENTO DEL ESTADO PATRIMONIALISTA.
«NI UNA CONCESIÓN MÁS A PARTICULARES»

Forzando un poco las nociones académicas, concebimos la existencia del Estado patrimonial como la forma de ejercer y distribuir el poder en la sociedad. En el caso venezolano, ese poder se materializa con la decisión del liderazgo político de otorgarle al Estado el carácter de propietario de la riqueza nacional, en detrimento de la participación ciudadana individual y colectiva.

Regímenes patrimonialistas generan actitudes y prácticas que podemos calificar también de patrimonialistas. Se evidencian en el poder irrestricto del regente de la propiedad, representado por el Ejecutivo o presidente de la República; la centralización o falta de participación regional en las decisiones de gobierno; la cooptación política de la burocracia estatal; la total dependencia del poder militar a la autoridad presidencial, establecida jurídicamente en el comandante en jefe de las Fuerzas Armadas. Otro rasgo presente en los regímenes patrimonialistas es la proliferación de la corrupción, derivada del manejo discrecional de los recursos públicos, y de la ausencia de rendición de cuentas al ciudadano, que garantice un uso transparente de esos recursos.

Sin embargo, consideramos que el rasgo más poderoso del patrimonialismo es la anulación del poder ciudadano, el cual se diluye totalmente, aplastado por el hiperpresidencialismo. Un ciudadano, según la Real Academia Española, es una persona considerada miembro activo de un Estado, titular de derechos políticos y sometido a su vez a sus leyes.

Ateniéndonos al rigor histórico, podemos señalar que el patrimonialismo se instala en Venezuela en el período colonial, con las decisio-

41

nes de concentración de la propiedad tomadas por la Corona española. Sin embargo, nos parece útil ubicar el fortalecimiento de este concepto en períodos recientes, especialmente en las decisiones y eventos políticos del siglo xx, tal como afirma Rómulo Betancourt en el texto *Venezuela, política y petróleo.*

> *Venezuela está resuelta a ser ella misma, a través de sus órganos estatales, la que determine la forma más beneficiosa para el pueblo de explotar sus reservas petrolíferas, pero en ningún caso debe hacerlo ya más mediante el sistema colonial de otorgarlas en concesión a inversionistas particulares.*[4]

Este camino que los civiles venezolanos diseñaron como respuesta al caudillismo y al militarismo tenía solo un gran defecto, dejaba afuera a los ciudadanos, expropiaba la posibilidad de ser propietarios a todos los venezolanos. Convirtió al Estado en el gran millonario, el dueño del petróleo y de todas las posibilidades de desarrollo industrial que sobrevendrían a partir de esa decisión. Esta tesis política está de nuevo reflejada en la contradicción en el modelo de sociedad que propone la Constitución de 1999.

El artículo 115 de la Constitución garantiza la existencia de la propiedad privada.

> *Se garantiza el derecho de propiedad. Toda persona tiene derecho al uso, goce, disfrute y disposición de sus bienes. La propiedad estará sometida a las contribuciones, restricciones y obligaciones que establezca la ley con fines de utilidad pública o de interés general. Solo por causa de utilidad pública o interés social, mediante sentencia firme y pago oportuno de justa indemnización, podrá ser declarada la expropiación de cualquier clase de bienes.*[5]

Sin embargo, los artículos 302 y 303 reservan al Estado la propiedad de los sectores generadores de riqueza.

Artículo 302

El Estado se reserva, mediante la ley orgánica respectiva, y por razones de conveniencia nacional, la actividad petrolera y otras industrias, explotaciones, servicios y bienes de interés público y de carácter estratégico. El Estado promoverá la manufactura nacional de materias primas provenientes de la explotación de los recursos naturales no renovables, con el fin de asimilar, crear e innovar tecnologías, generar empleo y crecimiento económico, y crear riqueza y bienestar para el pueblo.

Artículo 303

Por razones de soberanía económica, política y de estrategia nacional, el Estado conservará la totalidad de las acciones de Petróleos de Venezuela, s.a., o del ente creado para el manejo de la industria petrolera, exceptuando las de las filiales, asociaciones estratégicas, empresas y cualquier otra que se haya constituido o se constituya como consecuencia del desarrollo de negocios de Petróleos de Venezuela, s.a.

La decisión del liderazgo político que asume el poder luego del derrocamiento de Marcos Pérez Jiménez impulsa el nacimiento del Estado patrimonialista. Un Estado caracterizado por su capacidad de enajenar y expropiar las principales fuentes de generación de riquezas, además de propulsar la implantación de un régimen basado en la concentración del poder político y económico en el Ejecutivo, la rama del Estado que ejerce el dominio y gestión de la propiedad pública, convirtiéndose en la base del hiperpresidencialismo, que ha impedido el desarrollo social y crecimiento económico del país.

La tiranía del Poder Ejecutivo

El Estado patrimonialista, según Richard Pipes, se constituye en un «régimen en el que los derechos de soberanía y de propiedad se funden hasta el punto de ser indistinguibles, y en el que el poder político se ejerce de la misma manera que el poder económico». Richard Pipes, *Propiedad y libertad*.[6]

Los efectos de la existencia de un Estado patrimonialista los podemos sintetizar en varias dimensiones.

1. El Estado patrimonial consagra la tiranía del Poder Ejecutivo. Por su condición de receptor y distribuidor discrecional de la renta, subordina al resto de los poderes públicos, obstaculizando la posibilidad de emersión de contrapoderes.

2. El Poder central, concentrado en la recepción y redistribución de la renta, se deslinda de la exigencia del crecimiento económico y de la necesidad de existencia del mercado. Mira hacia adentro y trata de sobrevivir con base en la renta que fluye en sus manos sin controles.

3. El Estado de derecho, garantía de equilibrio político, social y económico, es inexistente en una sociedad donde el ciudadano es expropiado, porque todo pertenece al Estado.

4. El Estado de derecho, la libertad económica y la democracia política pierden su poder como fundantes de la democracia, ante el poder concentrado del Estado patrimonialista.

5. El poder para redistribuir de forma discrecional, sin límites factuales que impongan equilibrios, conlleva una decisión de inclusión-exclusión. El acceso a oportunidades no es abierto para todos, es una decisión política del Poder central.

6. La exclusión genera expansión de la pobreza, por la inexistencia de oportunidades de generar capacidades y participación en forma equilibrada en todos los sectores. Exclusión que se enfrenta con decisiones centradas en políticas de subsidios.

7. Los ciudadanos coexisten en una sociedad donde no se privilegia la existencia de más y mejores oportunidades para todos.

8. El Estado patrimonialista-rentista sustituye al mercado, crea una sociedad de buscadores de renta como garantía de supervivencia.

9. En las dos últimas décadas, por el afincamiento ideológico y material del Estado patrimonial y del hiperpresidencialismo, el ciudadano es despojado gradualmente de su poder como elector, propietario y sujeto económico con libertad de pensamiento.

10. En el Estado patrimonialista surge la ética rentista, contraria a la ética del trabajo y del emprendimiento. Rasgo cultural dominante que expresa una hegemonía cultural portadora de manifestaciones colectivistas, opuesta a la responsabilidad de los individuos en las construcción de sus vidas.

Evidentemente, esta concepción del Estado como propietario se va a convertir en nuestro país en la clave del poder político. En Venezuela se construyó históricamente un hiperpresidencialismo, donde el presidente de la República funge y actúa como el dueño total del territorio, gran distribuidor y decisor de la suerte de cada venezolano, cada región y cada pueblo.

Para superar esta situación, debemos entender cómo un solo poder se erigió en el gran dueño de toda la riqueza, al margen de la posibilidad de existencia de poderes alternativos, capaces de equilibrar al gran propietario.

El Poder Judicial y el Legislativo han carecido de la fuerza suficiente para establecer límites, quizás por la falta de madurez política de nuestra sociedad, además de la entrada sucesiva de militares al poder, que impidió la formación de un generación de magistrados, jueces y fiscales capaces de controlar, equilibrar, evaluar y limitar al Poder central, convertido desde el principio de nuestra democracia en gran propietario, en virtud de nuestras leyes.

Esta condición primigenia ha marcado la suerte de los venezolanos. Hoy tenemos ante nosotros, en las postrimerías del siglo XXI, la posibilidad cierta de derrocar al Estado patrimonialista.

La tragedia de la utopía socialista

El socialismo que se intentó construir en los últimos veinte años significó el paroxismo de su poder. El maléfico contubernio de la concentración del poder económico en manos del Gobierno central, con el control político ejercido sin piedad contra la necesidad de libertad de la sociedad, ha alimentado la posibilidad fantasmagórica de convertir a Venezuela en una nueva versión de la Cuba socialista y fracasada.

Los venezolanos han pasado la prueba del ácido comprobando en carne propia que la utopía socialista es un crimen contra la humanidad. La miseria como metástasis que va cubriendo todo el país la hemos visto en la Unión Soviética, en la península Indochina, en China, en Cuba. La destrucción de las capacidades de las personas para crear, producir, inventar, dominados por la falsa creencia de que un poder externo tomará su conciencia, sus cuerpos, sus almas y creará el bienestar y la libertad que solo puede producir el esfuerzo humano.

Los venezolanos, pasada esta terrible prueba, han visto que nada puede suplir al afán por trabajar y crear. Saben que los individuos siempre van a luchar por hacer prósperas sus propiedades, que no existe ningún salvador capaz de proporcionar la felicidad, solo posible de alcanzar cuando ejercemos nuestra responsabilidad individual.

El saldo de veinte años de intentar imponer el socialismo es trágico. Éxodos masivos de una patria que antes fue receptora de otros pueblos: Colombia, Perú, Ecuador, Argentina, Chile, Portugal, España, Italia. Miseria generalizada y eliminación de las posibilidades de responder a nuestras necesidades, las básicas y las superiores. No hay comida, pero tampoco periódicos, no hay salud, falta el oxígeno de la libertad, único capaz de convertirnos en ciudadanos dueños de nuestra vida, bienes y libertad.

Es imprescindible encontrar los argumentos que ayuden a reforzar la estocada final al patrimonialismo. Un camino duro, enriquecedor e indispensable de transitar. No hay atajos. Comprendemos que tenemos que construir nuevas instituciones, lograr que los ciudadanos existan, tengan poder y sean los verdaderos propietarios, o indefectiblemente volveremos a caer en las trampas de las utopías.

Debemos comenzar por comprender a cabalidad qué es el Estado patrimonial. Un sistema institucional donde el poder económico y político resulta un apéndice del Estado, que es el gran propietario. Esta condición hace imposible la existencia del Estado de derecho cuya máxima supone la igualdad de los ciudadanos ante la ley. Debemos entender también que el gran objetivo es construir el Estado de derecho como base firme de la construcción social. Es preferir a Locke y Mises y desechar a Marx como nunca lo habíamos hecho. Creer en el poder humano frente al negativismo de la lucha de clases.

Si el Estado de derecho no es posible, ningún equilibrio institucional podrá reinar en la sociedad. Una fracción, un grupo, regirá y decidirá los destinos de nuestra sociedad. Así será también en el terreno de las oportunidades. Debemos contribuir con el desarrollo de las capacidades de los ciudadanos para regir su destino. No podemos condenarlos a la pasividad, a la dependencia de vivir bajo la voluntad de un ente que decida nuestro destino. Es momento de superar ese estado de sumisión, que ha sido alimentado con acciones, prácticas y medidas políticas que le arrebatan a la persona su poder de decidir y elegir libremente, de decidir lo que valora y quiere ser.

Es superar una cultura de donativos, de engañosas ofertas de vivienda gratis, comida regalada, trabajo inútil reproducido y tanta ausencia de valor para decir lo que queremos. En este campo la educación no importa, lo que cuenta es la sumisión, limitar la voluntad para decidir qué queremos ser.

Detrás de esta visión se esconde una trampa. Hacer creer que existe una ética de la bondad de la pobreza. Ser pobre es bueno o te hace bueno. Por tanto, si esta es la ideología, quienes gobiernan harán todo lo posible para que la pobreza sea permanente, te calles, seas sumiso y no intentes rebelarte.

En este tema se anudan un conjunto de premisas asociadas a la negación del poder del individuo. La primera es la preeminencia de una ética rentista, que presume que tenemos derecho a todo, alcanzando un bienestar sin ninguna relación con nuestros esfuerzos.

De la ética del rentismo a la ética del trabajo

En la ética rentista basta con callarse, estar ahí. No hay nada que crear, innovar, probar, cuando más esperar y apoyar a quien nos tiende las manos en una forma perversamente protectora. La ética rentista hay que liquidarla y transformarla en la ética del trabajo, el emprendimiento y la responsabilidad individual. Aquí curiosamente nos volveremos hegelianos para preguntarnos:

¿Qué decir, por ejemplo, de las prenociones y prejuicios con los que entendemos la realidad y que pueden considerarse también una forma de sujeción? ¿Cuándo hay ideas sobre el mundo que no nos permiten movernos, avanzar, tomar ciertas decisiones? ¿Podemos decir que somos realmente libres? ¿Qué hace falta para dotar de libertad a la conciencia?[7]

Derribar el Estado patrimonial tiene una dimensión subjetiva. Va más allá de diseñar un conjunto de políticas o medidas que conduzcan al desarrollo. Se trata del principio insoslayable de comenzar a atesorar condiciones que puedan garantizar la libertad de conciencia. De acuerdo con Hegel, la libertad de conciencia se asocia al poder de traspasar tres estadios.

El primero comienza al enfrentar el miedo a la muerte que albergamos como seres mortales. Superar el temor que se deriva de nuestra presunción de fragilidad como seres humanos. Ese instinto de sobrevivencia, casi animal, nos puede paralizar, impidiéndonos pensar, decidir y actuar. Debemos atrevernos a enfrentar desafíos y riesgos que ponen a prueba nuestras capacidades físicas y espirituales. Es la imagen tan vista de un hombre frente a un tanque de guerra, completamente dispar, que expresa que la única fuerza capaz de parar una onda destructiva es la voluntad humana.

Frente a este primer estadio se erige imponente un segundo entramado: valorar o desechar la posibilidad de ser protegidos, de no tener responsabilidades, de negarnos a ser actores de nuestras vidas. Existe el temor a la falta de cobijo, al hambre, al desamparo, a ser heridos o maltratados físicamente. Esos sentimientos derivados de la fragilidad del ser humano, nos llevan a negar nuestras fuerzas para resolver los retos que nos presenta la vida, a someternos ante quien creemos nos evitará esos peligros.

Este sometimiento significa sumisión frente al *otro*, contrario al reconocimiento de *los otros*. Es una renuncia de intereses y deseos, una cierta pasividad y aletargamiento de la conciencia, que podemos percibir claramente en el sometimiento de los pueblos e individuos al dominio de algún tirano, reflejado en el plano subjetivo. Ahogar los impulsos propios, someterse a una noción colectiva en el plano estético, cultural y moral.

Necesitamos superar la parálisis frente a los riesgos, actuar para ser libres aunque tenga un costo. Mirar al *otro* como un igual, no como un jefe, ni un subordinado, sino como alguien que comparte con nosotros nuestra estancia y los avatares de nuestra existencia en un preciso momento, en un mismo lugar. Es la posibilidad de extender este reconocimiento del otro a un plano universal, compartiendo valores, metas y objetivos.

El tercer plano para lograr la libertad de conciencia es apoderarse de la importancia del poder de transformación inherente a nuestra capacidad de trabajar. El ser humano es el único en el universo que crea, transforma e incorpora cosas nuevas a la realidad. Puede inventar soluciones a problemas, encontrar caminos para responder a necesidades, producir con su fuerza desplegada en el trabajo manual e intelectual.

Trabajar significa transformar la realidad de forma consciente, en pleno uso de nuestra libertad de conciencia. El ser humano libre es un

sujeto en cuya vida el trabajo es la esencia de su capacidad transforma-
dora, un trabajo que en lugar de esclavizar, libera.

Los tres planos planteados por Hegel deben ser considerados para
superar la ética rentista propia del Estado patrimonial, indiscutible-
mente asociados a nuestra voluntad de poder, al respeto al otro y a la
ponderación de nuestra capacidad de transformar derivada del trabajo
humano. Liquidar el Estado patrimonialista significa asumir estos retos propios de los seres humanos.

Derribar el Estado patrimonial tiene entonces una plataforma subjetiva que implica alentar la expansión de la libertad de conciencia, no
como un tema esotérico sino como una condición insoslayable, indispensable para convertirnos en autores de nuestros proyectos de vida.
En responsables por nuestras decisiones.

EL ENCUENTRO CON LA VOLUNTAD DE PODER

Tal como afirma Friedrich Nietzsche:

*(…) siempre que se constatan «efectos», es que una voluntad obra
sobre una voluntad, y que todo proceso mecánico, en la medida en
que manifiesta una fuerza actuante, revela precisamente una fuerza
voluntaria, un efecto de la voluntad. Suponiendo, por último, que
se llegase a explicar toda nuestra vida instintiva como el desarrollo
interno y ramificado de una forma fundamental única de la
voluntad, de la voluntad de poder.*[8]

El liderazgo que pretenda asumir la conducción de la sociedad, que
aspire a influenciar la dirección y el rumbo a tomar, tiene que partir de la
idea de iniciar un proceso de liberación de los individuos, de desencade-
namiento de la voluntad de poder, de instalación de nuevos equilibrios.

Los jueces no serán funcionarios impuestos arbitrariamente sino
garantes del derecho de todas las personas a ser oídos, independien-

temente de sus condiciones de existencia. Es la aplicación de la ley con total imparcialidad, partiendo del principio de que todos los seres humanos que convivimos en este territorio somos iguales frente a la ley.

Este planteamiento se extiende a otros planos: ¿quiénes pueden ser los responsables de la educación? La respuesta es, no solo aquellos que tienen los conocimientos e información requeridos por los programas de enseñanza. Se trata de una gran misión, contar con los contingentes de seres humanos que además de cumplir con los requerimientos básicos, sean portadores de libertad de conciencia, que les posibilite influir en una nueva visión educativa. Para superar el Estado patrimonialista, que implica una negación de la libertad de conciencia, hay que contar con verdaderos maestros, cuya condición inicial sea mostrarse como seres libres, capaces de enfrentar sus temores, respetuosos de los otros y transformadores de la realidad.

Una gran tarea del proceso de liquidación del Estado patrimonialista consiste en formar estos nuevos contingentes humanos: ciudadanos, jueces, maestros, policías, imbuidos de una libertad de conciencia que los convierte en forjadores de ciudadanos. En seres creativos capaces de superar la inmovilidad, el miedo, la injusticia y la ignorancia que nos pone de espaldas a las infinitas posibilidades de ejercer como ciudadanos con libertad conciencia.

El carácter rentista de la relación Estado-sociedad

Cuando se es propietario pueden ocurrir distintas situaciones, una muy corriente es decidir no explotar la propiedad y arrendarla; el pago recibido por esta operación es una renta. Un segundo caso es decidir operar directamente la propiedad, creando una organización, procesos y prácticas para gestionar ese negocio, también de su propiedad. En esta situación, lo que propiamente recibe el propietario no es una renta, sino el beneficio generado por su emprendimiento. Esta operación productiva la puede hacer el dueño directamente o delegando en instituciones creadas para tales fines.

En el caso venezolano se han vivido varias etapas. A partir de la nacionalización de la industria petrolera ocurrida en 1975, el Estado crea una organización responsable del desarrollo de esta industria que logra en el plano interno fijar sus propias reglas de juego. El 1 de junio de 1976 se funda Petróleos de Venezuela, s.a. (Pdvsa) y sus filiales, propiedad de la República de Venezuela, subordinada al Estado venezolano y formalmente comprometida con el auténtico dueño del petróleo: el pueblo venezolano.

En realidad, Venezuela no es un país rentista por naturaleza, Pdvsa tiene como principales objetivos planificar, coordinar, supervisar y controlar las actividades de sus empresas tanto en Venezuela como internacionalmente. Quizás, lo pertinente sería concebirla como una nación que emplea deficientemente los recursos generados por las empresas creadas para la gestión del negocio petrolero. Si Venezuela fuese un país rentista, Pdvsa sería un simple arrendatario, con un contrato con el propietario, que en este caso sería el Estado venezolano. La diferencia que surge de esta distinción es que no es igual recibir una renta y distribuirla sin mayores implicaciones, que recibir los beneficios y tratarlos como un capital que debe ser capaz de multiplicarse o crear beneficios más allá del simple consumo monetario.

La complejidad de este tema se basa en el hecho de que el carácter de propietario de la industria petrolera se extiende hacia la sociedad bajo la forma de poder político. Aunque el Estado reciba beneficios por una actividad económica aupada por él, la responsabilidad del uso de los recursos lo enfrenta a un nuevo dilema, utilizarlo como si fuera una renta, es decir, sin obligaciones de revalorizar estos recursos, asumiendo el carácter de distribuidor, o manejarlo como un capital cuya lógica impone ser gestionado como unidades en constante revalorización. El capital creando más capital.

La falla venezolana es usar el beneficio generado por las actividades económicas de sus empresas, bajo la figura del gasto público, como si fuesen una renta, despojándolo de su carácter intrínseco de capital reproductor de beneficios, de su potencial de revalorización. Podríamos decir que es un error conceptual o una trampa política para concentrar el poder en el Estado, el negarles a los beneficios arrojados por la industria, el carácter de capital en desarrollo y convertirlo en una renta, fundamento del poder discrecional del gran repartidor.

El rédito esencial que recibe el gobierno-propietario de la industria petrolera es el poder político. Asumir la figura rentista en el uso de los recursos petroleros exime la posibilidad de tener que revalorizar el beneficio obtenido por la empresa de su propiedad, otorgándole en cambio al propietario la capacidad de control de sus interlocutores. Se decide quién y para qué se usan los recursos generados y se ejerce el poder de imponer reglas de juego para participar en el reparto, convenciones divorciadas de una racionalidad económica.

En esta reificación de la industria petrolera, al usar los recursos como renta se reinventa el Estado patrimonialista, que no solo enajena las riquezas que pertenecen a los ciudadanos, al erigirse como propietario, sino que las utiliza como respaldo para el ejercicio de su poder político.

Convertir en renta el beneficio petrolero es una operación política que instala el Estado patrimonial en ejercicio de una capacidad de control de todos los agentes implicados en el reparto de la renta, en total independencia de la racionalidad económica.

La conclusión que surge de esta reflexión es que enfrentar el Estado patrimonialista, alimentado por la supuesta renta petrolera, pasa necesariamente por la conciencia de que Venezuela no es un país rentista, sino un país que ha puesto en marcha una industria generadora de grandes beneficios, y que estos resultados en lugar de alimentar un proceso de expansión económica son inutilizados al tratarlos como una renta, con un uso discrecional por parte de los gobernantes, que ven acrecentado su poder y control social cuando deciden quiénes serán los potenciales beneficiarios de la mal llamada *renta*, sin consideración acerca de la potencialidad económica de estos ingresos para generar crecimiento económico.

El mejor ejemplo de esta realidad es la generada por el gobierno de Hugo Chávez, en momentos en que los beneficios obtenidos por la industria petrolera alcanzaron un hito no logrado en tiempos anteriores. La capacidad de revalorización de estos recursos como motor del desarrollo económico, fue totalmente apartada de la política del régimen, subordinada a objetivos políticos de expansión de la ideología socialista dentro y fuera del país, tal como están expresados en su documento estratégico *El Plan de la Patria*.[9]

Objetivos *históricos* del Plan de la Patria

1. Defender, expandir y consolidar el bien más preciado que hemos reconquistado después de 200 años: la independencia nacional.

2. Continuar construyendo el socialismo bolivariano del siglo xxi en Venezuela, como alternativa al modelo salvaje del capitalismo y con ello asegurar la mayor suma de seguridad social, mayor suma de estabilidad política y la mayor suma de felicidad, para nuestro pueblo.

3. Convertir a Venezuela en un país potencia en lo social, lo económico y lo político dentro de la gran potencia naciente de América Latina y el Caribe, que garanticen la conformación de una zona de paz en nuestra América.

4. Contribuir al desarrollo de una nueva geopolítica internacional en la cual tome cuerpo un mundo multicéntrico y pluripolar que permita lograr el equilibrio del universo y garantizar la paz planetaria.

5. Contribuir con la preservación de la vida en el planeta y la salvación de la especie humana.

Sin embargo, la realidad ha negado la posibilidad de alcanzar estos objetivos estratégicos. Al concluir el período de altos precios del petróleo, Venezuela se encontró con una economía destrozada, con una pérdida mayor al 60 % del PIB, con una total dependencia de la capacidad importadora de productos y mercancías básicas demandadas por la población. Por tanto, es posible afirmar que haber utilizado los beneficios petroleros como una renta, sin obligación de revalorizar, condujo a la tragedia económica que vive el país. No se reinvirtió, sino que se gastó la renta en acciones no provechosas, y de paso se destruyó toda actividad económica que podía contribuir a satisfacer la demanda nacional.

Entre 2013-2018 el tamaño de la economía (PIB) per cápita cayó en 52,3 %, el consumo privado por persona se redujo 54,3 % y el gasto público cayó en 34,5 % por persona. Banco Central de Venezuela. 2019.[10]

El Estado patrimonialista venezolano: más que un propietario

El Estado patrimonialista venezolano en las dos últimas décadas no ha sido solo un propietario, sino un operador político que usa los beneficios que recibe del ejercicio de sus industrias para reafirmar el control de la sociedad. Este es un proceso que se ha venido delineando históricamente.

Esta situación contrasta con la primera fase de erupción de los beneficios de la industria petrolera. En ese período el control o dominio político estaba en manos de demócratas, personas que profesaban la esperanza de ver crecer el país, amoblarlo de servicios, asegurar un ejercicio democrático del poder, lograr una plena instalación del Estado de derecho y forjar una apertura a la generación de oportunidades que permitiera a los ciudadanos ejecutar sus máximas potencialidades. Esta aspiración pudo concretarse en el trascendental cambio que vivió Venezuela en la primera etapa de la industria petrolera. Baste decir que entre 1958 y 1999, entre el Estado y la industria privada de la construcción se hicieron 2.272.540 viviendas, en un país en el cual el número de hogares registrados censalmente eran alrededor de 3.745.614.[11]

Sin embargo, es innegable que una profunda contradicción comenzaba a gestarse entre los responsables de aplicar los recursos petroleros, en la medida en que el abanico de decisiones era muy amplio y los controles muy débiles. Los políticos decidían la estrategia de aplicación de los recursos en una sociedad donde el poder del ciudadano y de las instituciones responsables del control se debilitaban progresivamente, aplastados por la dimensión de los ingresos petroleros y el poder que se derivaba de las decisiones sobre la asignación o negación de recursos. Evidentemente, la discrecionalidad estaba al frente, también la utilización de presiones para decidir el destino de los recursos y de allí a la generación de episodios de corrupción había un solo paso.

El modelo de Estado propietario comenzó a operar negativamente porque no existía la determinación de rendir cuentas al ciudadano, ni constituía una exigencia imposible de violar, la precondición propia de las economías capitalistas de mercado, que exige que los recursos tengan una tasa de retorno positiva para la industria y para la sociedad.

En contrapartida a esta encrucijada, los grupos que alcanzaban el poder político enfrentaban el reto moral de sus vidas, utilizar los recursos petroleros para apuntalar el crecimiento económico del país o usarlo para reforzar su cuota de poder político. Es por ello que podría afirmarse que la orientación hacia el crecimiento económico del país nunca privó como determinación de los sectores que alcanzaban el poder político. Un ejemplo de esta situación es el típico caso de los precios de la gasolina, los cuales nunca pudieron ser esteblecidos en los niveles que requería la existencia de la industria petrolera, porque esto exigía una confrontación con el poder político de los gobiernos que osaran tomar decisiones en esta materia, basados en criterios derivados de la racionalidad económica.

La explicación de esta política de precios totalmente fuera de toda racionalidad económica está en el terreno político. Tal como afirma Hanna Arendt, los totalitarismos fundan su poder político en al apoyo de las masas, requieren para su concentración de poder que los sectores populares se subordinen a sus mandatos y la mejor manera de lograrlo es utilizando prácticas populistas mediante las cuales se obtiene apoyo popular, independientemente del costo o perjuicio que pueda significar para alcanzar un real crecimiento económico.

Precios irrisorios de la gasolina suponen bajos precios de transporte masivo, y en general poca influencia en la estructura de precios de servicios, lo cual para sectores de menores ingresos adquiere una gran repercusión. Aunque los grandes consumidores sean los sectores de mayores ingresos, el impacto en la estructura general de precios es muy fuerte en aquellos con ingresos inferiores a tres salarios mínimos, es decir, el 80 % de la población.

El precio de la gasolina venezolana expresado en dólares es de 0,04 o cuatro centavos de dólar americano por litro, es decir, según la empresa de consultoría PFC Energy (Washington, EE. UU.): el más barato del planeta.El subsidio a la gasolina ha crecido 731 % entre el 2003 y el 2008, de acuerdo con los cálculos de la firma económica Ecoanalítica, que destaca que este subsidio beneficia en mayor medida a las clases de mayores ingresos, pues el 25 % de esta población consume casi nueve veces más gasolina que el 25 % más humilde. El subsidio a la gasolina, comparado con lo establecido en la Ley de Presupuesto de 2009, representa 7,7 veces más que lo destinado en virtud de la ley de vivienda (Bs. 2.466 millones), dos veces más que lo destinado a salud (Bs 9.289 millones), 4,4 veces más que lo destinado a transporte y comunicaciones (Bs.4.310 millones), 39,9% más que lo destinado a seguridad y defensa (Bs. 13.553 millones) y representa el 62% de lo destinado a educación (VEF 30.496 millones). Este subsidio en términos generales viene a representar un poco más del 11,4 % de la Ley de Presupuesto de 2009.[12]

La imposibilidad de la existencia del Estado de derecho en sociedades dominadas por Estados patrimonialistas

Si el Estado patrimonial se ha construido bajo una arquitectura de leyes, códigos y mandatos cuya gran tarea era arrebatar todo el poder al individuo y cerrarlo bajo llave en una oscura parcela de gobierno, la tarea ahora consiste en abrir esos cotos cerrados, devolver a las personas, a los ciudadanos su poder como propietario, creador de propiedad y de riqueza. Abrir la posibilidad de instaurar un verdadero Estado de derecho.

La mirada sobre nuestras leyes tiene que ser distinta, orientada a resaltar el poder del individuo, del ciudadano, del consumidor, del productor y en fin del creador. La clave de la reconstrucción legal se basa en la idea de Mises:

La praxeología misiana parte del individuo que actúa, del hombre que siente deseos, que pretende conseguir objetivos específicos, que cavila en torno a cómo alcanzar precisos fines.[13]

Esta es la mirada sobre nuestro marco jurídico que requiere la demolición del Estado patrimonial, lo cual nos lleva a preguntarnos no sobre la forma, sino sobre los objetivos precisos que pautan nuestras leyes. Si propenden a la existencia de mayores libertades, incentivos, alicientes para producir, inventar, crear, para respetar al otro, para transformar la realidad de forma constructiva o lo contrario.

Se trata de encontrar la esencia que vincula el espíritu de la ley, a un ser humano con libertad de conciencia o a un animal que hay que domesticar, ponerle bozales y restringir sus capacidades creativas. Esta noción se extiende a todos los campos, cuántas medidas restrictivas, cuánta compulsión y exacerbación del miedo y del temor contienen nuestras leyes. Cuántos anuncios de castigo y represión contra los presuntos violadores de esa idea oscura del ser humano.

El Estado patrimonial se opone frontalmente a la existencia del Estado de derecho, por ser este un poder no-manipulativo. Genera la condición cultural ética que somete al individuo a una posición de subordinación, de espera y de abandono del poder de reclamar sus derechos fundamentales, pues estos solo pueden ser suplidos como concesión del Estado patrimonial.

El Estado de derecho reúne al menos tres cualidades. Primero, es público, porque las exigencias formales de ese ideal requieren que toda decisión política se encuentre al alcance de los ciudadanos. Segundo, es racional, porque presupone que los ciudadanos son personas racionales capaces de decidir y deliberar con base en razones públicas. Tercero, es no paternalista, en el sentido que trata a los ciudadanos como adultos que se autodeterminan.[14]

La consagración del Estado de derecho implica lograr los siguientes objetivos:
+ Garantizar la existencia de un ciudadano con poderes.
+ Superar la subordinación de poderes al excesivo presidencialismo propio del rentismo y del militarismo.
+ Acabar con la tiranía del Ejecutivo.
+ Garantizar la permanencia de la democracia.
+ Crear el equilibrio de poderes imprescindible para la justicia y la paz.

Podemos preguntarnos, cuánta libertad existe en los objetivos que regulan el desempeño económico de los venezolanos. Cuáles valores se asocian a la actividad económica creativa, a producir más y mejor, a interpretar los deseos y aspiraciones de los consumidores e innovar para generar nuevos productos y servicios que realcen la calidad de vida. Allí se impone una interrogante fundamental, cómo conceptualizamos la idea del mercado en nuestras leyes. Es un ámbito para aplicar prenociones de justicia, para castigar, para restringir o, por el contrario, se trata más bien de incentivar, promover, alentar, capacitar para responder, para agregar valor a lo que ya existe y para mostrar el ingenio humano.

El conjunto de leyes que regulan la economía tiene que dirigirse a incentivar a personas que con libertad de conciencia participen en esa carrera sin límites e infinita que significa aportar conocimientos, esfuerzos, trabajar, para lograr óptimos resultados en la producción, la transformación, la prestación de servicios, la distribución de todos aquellos bienes, productos y servicios que requiere incesantemente nuestra sociedad. Este objetivo significa dar un vuelco completo a nuestras leyes económicas que, en lugar de incentivar, reprimen, que anulan esfuerzos, estimulan conflictos entre los que actúan en los distintos planos de la actividad económica.

El Estado patrimonialista es una institución contraria a la libertad económica, cancela la posibilidad de competir, capacitar, enriquecer nuestras provisiones y gustos, porque predetermina lo que podemos producir, lo que podemos obtener y a lo que podemos aspirar.

La liquidación del Estado propietario

No cabe la menor duda de que para lograr instaurar en Venezuela un camino hacia la prosperidad, la responsabilidad individual y la libertad, hay que abortar el dominio institucional del Estado patrimonialista, una institución de carácter excluyente del liderazgo y participación de individuos-ciudadanos.

El Estado patrimonialista es un derivado de las decisiones del liderazgo político que creyó que concentrar en el Estado la propiedad y manejo de la riqueza nacional era el camino para salir de más de dos siglos de pobreza, atraso y dominio de grupos privilegiados totalmente al margen de la suerte de la población venezolana.

Esta histórica decisión no fue ni siquiera discutida, más bien podríamos decir que se aceptó como camino único. Venezuela venía de más de dos siglos de perturbación, por las querellas interminables entre caudillos brutales ansiosos de poder, luego le siguieron episodios de dominación de gobiernos militares, frente a una sociedad civil sin esperanzas, totalmente subordinada a estos imperios de armas. Sin embargo, cuando les toca a sus líderes decidir cuál sería la suerte del país, se lanzan por la pendiente de creer que consolidar el Estado, como una institución protectora ante las pretensiones militares, se convertiría en la piedra de tranca de los desmanes históricos. Como se podía presentir, porque la historia universal así lo ha mostrado, el Estado venezolano se transformó silenciosamente en la gran maquinaria social, institución monolítica, dueña de las fuentes de generación de riquezas, responsable de su manejo y distribución, patrón de todos los venezolanos.

La comprensión de este enfoque pasa por la adopción como categoría de análisis de la noción de *institución* que plantea Douglas North en 1990:

Las instituciones son restricciones que surgen de la inventiva humana para limitar las interacciones políticas, económicas y sociales. Incluyen restricciones informales, como las sanciones, los tabúes, las costumbres, las tradiciones, y los —códigos de conducta—, como así también reglas formales (constituciones, leyes, derechos de propiedad) de producción y, por consiguiente, la rentabilidad y factibilidad de llevar adelante la incertidumbre del intercambio. En forma conjunta con las restricciones usuales de la economía. En el curso de la historia, las instituciones fueron inventos de los seres humanos para crear orden y reducir la incertidumbre del intercambio. En forma conjunta con las restricciones usuales de la economía, definen el conjunto de elección y por consiguiente determinan los costos de transacción actividad económica. Hay muchas instituciones simples de intercambio que hacen posible realizar transacciones a costo reducido de transacción en las primeras condiciones. Pero en las últimas condiciones las instituciones que permiten bajar los costos de transacción y producir en un mundo de especialización y división del trabajo requieren resolver los problemas que plantea la cooperación humana.[15]

En la descripción del proceso sociohistórico venezolano, nos apoyamos en esta comprensión del concepto de instituciones de North, precisando que el Estado patrimonialista es una institución excluyente, porque cierra la posibilidad de participación en la propiedad de los sectores generadores de riqueza, nombrados como los particulares.

En una óptica distinta, las instituciones inclusivas son aquellas que posibilitan y fomentan la participación de la gran mayoría de personas, en actividades económicas que permiten aprovechar mejor su talento y habilidades y generan confianza en cada individuo al poder elegir mejor lo que desea. Para ser inclusivas, las instituciones económicas deben ofrecer seguridad de la propiedad privada, un sistema jurídico imparcial y servicios públicos que proporcionen igualdad de condiciones en los que las personas puedan realizar intercambios y firmar contratos. Según Acemoğlu y Robinson:

Las instituciones económicas extractivas tienen como objetivo extraer rentas y riquezas de un subconjunto de la sociedad para beneficiar a un subconjunto distinto, son instituciones que bloquean el crecimiento económico.[16]

Por supuesto, la piedra fundacional del patrimonialismo está en otros tiempos, sin embargo, las preguntas que no podemos obviar son: ¿por qué luego de un periplo histórico lleno de idas y venidas, fracasos y ensayos, no hemos comprendido la significación institucional de la existencia del Estado patrimonialista? ¿Por qué no hemos intentado cambiar, derribar o simplemente transformar el determinismo que ha operado en nuestro proceso sociohistórico? Además, debemos responder también ¿por qué ha existido una anulación del individuo como responsable, capaz de definir la suerte de la sociedad?

Siguiendo el planteamiento de Jordan Peterson, el gran acierto de Occidente es poner al individuo primero. No se trata del privilegio de los derechos, sino de las responsabilidades. El gran objetivo no sería embarcarnos en una lucha interminable por los derechos, sino por lograr una máxima adopción de responsabilidades, de donde legítimamente emanarían los derechos.

Cuando se atribuye al Estado el carácter de propietario capaz de integrar un patrimonio, el Estado se erige en gran propietario. Se engendra, a su vez, una plataforma desde la cual se conforma el control político sobre la sociedad. Es el poder que ejercen los dueños de la riqueza, quienes designan y excluyen a beneficiarios de las rentas o ingresos que genera esta propiedad y anulan totalmente la presencia del individuo soberano.

En los siguientes párrafos resumiremos los efectos directos de la anulación del Estado de derecho y la consecuente subordinación a un poder político orientado a estatizar la economía e imponer un modelo socialista colectivista en Venezuela.

1. Los individuos emprendedores se enfrentan a un poder central totalitario, cuyo objetivo es imponer un modelo económico que anula la propiedad privada y con ello a la empresa privada, sin que en su defensa acuda ninguna institución con capacidad de control y regulación del poder casi absoluto del Ejecutivo.

2. El Poder central no tiene límites. La capacidad de control del Poder Legislativo es anulada. Se gobierna con base en leyes habilitantes, que se convierten en patentes de corso para imponer medidas contrarias a la viabilidad de la empresa privada y a la consagración de un modelo que logre el crecimiento económico del país.

3. En ausencia de Estado de derecho, el régimen gobierna con base en controles para constreñir la actividad del empresario creador de riqueza. La capacidad discrecional que asume el Ejecutivo no tiene límites, no existen instituciones que puedan oponerse a los designios del poder central. Un ejemplo es la imposición de controles de precios sin negociación con los sectores productivos.

4. Las leyes que controlan el trabajo tienen la intención de fomentar la lucha de clases y con ello ahogar a la empresa privada.

5. Cerco económico jurídico a la empresa privada y a la propiedad privada, promovido desde el Poder Ejecutivo sin ningún tipo de limitación del resto de los poderes, con el instrumento de la lucha de clases representada por los movimientos sindicales bolivarianos y el respaldo de las autoridades administradoras del trabajo, paralizando el crecimiento de empleos.

6. Destrucción de los movimientos sindicales organizados. Desconocimiento de la representación sindical en la negociación laboral y recientemente negación de la contratación colectiva como instrumento de negociación pacífica entre trabajadores y empleadores, fundamentalmente para el sector público.

7. Aprobación de una normativa para los organismos administradores del trabajo basada en una asimetría total entre los dueños del capital y los dueños del trabajo. Cargas fiscales exacerbadas, condiciones laborales descontextualizadas y discriminatorias, las cuales provocan una reducción de la capacidad de las empresas de generar nuevos empleos y la potencialidad de invertir en mejoras de las condiciones de sus trabajadores.

8. Crecimiento de la conflictividad social como consecuencia del abandono de los sectores populares encarnados por la economía informal, para la cual no se ha pautado ninguna política pública, ni recursos fiscales para mejorar su productividad y calidad del ambiente laboral. Existe una disminución de la informalidad mera-

mente coyuntural, determinada por la capacidad de subsidiar del Estado, y no por políticas de largo alcance para la reconversión laboral, avances en la productividad, otorgamiento de propiedad que garanticen mejoras en los ingresos y calidad de vida.

9. Por primera vez en más de un siglo, los trabajadores del sector público (28 %) superan a los de la empresa privada (27 %), mientras los trabajadores por cuenta propia llegan al 38 %. Cifras que muestran la distorsión del mercado de trabajo, donde el Estado agrupa al mayor grupo de trabajadores y obreros frente a la empresa privada, y a los trabajadores del sector informal que representan el mayor porcentaje de los empleos.[17]

10. Fomento del intercambio de subsidios por salarios con base en la utilización masiva de recursos fiscales y la creación de empleo público improductivo. Este intercambio ha sido la real política de empleo durante los últimos diez años.

11. Disminución del desempleo directamente relacionado con la política de sustitución masiva de salarios por subsidios a partir del año 2003. Más de un millón de personas incorporadas a los programas que generan relación laboral. La tasa de inactividad pasa de 34,6 % en noviembre de 2007, a 36,0 % en noviembre de 2008. Según la Encuesta Nacional de Condiciones de Vida, en 2018, 94 % de la población venezolana carece de ingresos suficientes para subsistir.[18]

12. Fracaso total del intento de imponer las estatizaciones y el modelo de propiedad social, como principal directriz del socialismo del siglo XXI. El porcentaje real de supervivencia de organizaciones socialistas o cooperativas (aquellas que están activas) no excede el 15 por ciento [de 180.000], lo que significa menos de 30.000 cooperativas.[19]

En 1999 comienza la etapa más difícil que ha enfrentado la empresa privada venezolana. Aunque en épocas anteriores careció de libertades económicas, y de la convicción de los líderes políticos acerca de lo imprescindible de su participación en el crecimiento económico del país, nunca antes enfrentó las hostilidades abiertas de un régimen que ha usado el poder de subordinación de las instituciones para imponer el socialismo, aniquilando a la empresa privada y al clima de libertades esenciales para asegurar la estabilidad democrática del país.

En un futuro cercano, Venezuela deberá encarar el problema crucial ocasionado por la inexistencia de un Estado de derecho. Condición única para establecer un orden social y promover a la empresa privada como elemento insustituible para el desarrollo económico y garantizar bienestar.

El Estado de derecho es una institución clave para detener los procesos de concentración de poder en instituciones excluyentes, y el ejercicio totalitario sobre la economía. Su existencia debe asegurarse para devolverles a los ciudadanos la posibilidad de convertirse en propietarios. En genuinos creadores de riqueza, capaces de anular el carácter propietario-rentista del Estado venezolano. Esa es una condición indispensable para asegurar el equilibrio de los poderes y la derogación del conjunto de leyes socialistas que pretenden anular la propiedad privada e imponer la propiedad del Estado.

Esta transformación debe comenzar por una definición clara del liderazgo político, reconociendo que la única posibilidad de crecimiento económico se basa en la garantía de la propiedad privada, en la afirmación del mercado como ámbito de realización económica y de la existencia de libertades económicas que permitan a los ciudadanos convertirse en los legítimos promotores del bienestar de nuestro país, tal como lo expresa Pedro Palma:

Las verdaderas causas que generaron el caos que vivimos son las pésimas políticas públicas que se han implementado, no solo durante los últimos años, sino desde hace varios lustros. Fueron esas políticas

Propuesta estratégica para derribar el Estado patrimonialista

Derribar el Estado patrimonialista es quizás el reto más difícil que enfrenta Venezuela. Es un proceso complejo, objetivo y subjetivo, intrincadamente clavado en el corazón y en la razón de los que han crecido bajo su dominio.

Responder a este requerimiento es inaplazable. Imposible dejarlo de lado o ignorarlo. Su fuerza es tal que es capaz de devorar las buenas intenciones de pretender seguir adelante, mejorando sus efectos, sin penetrar en sus entrañas y asumir la gran oportunidad que tiene Venezuela de constituirse en una sociedad libre, próspera y cohabitada por seres humanos responsables consigo y con los otros. La estrategia es compleja y pesan tanto los planos materiales como los inmateriales.

La hipótesis de trabajo plantea que derribar el Estado patrimonialista no se reduce a la promulgación de un decreto ejecutivo, la modificación del manejo administrativo de los recursos fiscales, ni únicamente a la reforma de políticas macroeconómicas, aunque sean imprescindibles. Requiere de una estrategia portadora de una pedagogía política, que muestre la esencia de los valores democráticos. Una agenda de transformación institucional, una reforma legal sin precedentes históricos y una sincronización de élites y liderazgos. Pero, sobre todo, una revalorización ética de la política.

Es adentrarse en el mundo cultural que ha procreado esta institución, que se refleja en los distintos planos: políticos, sociales, económicos, éticos. Presente en las creencias y mitos que han permitido su prolongada existencia, como gran maquinaria social que determina y afecta la legitimidad y funcionamiento del resto de las instituciones.

Haremos referencia solo a los procesos que consideramos básicos para iniciar la transformación institucional del Estado patrimonialista, condición indispensable para superar el rentismo y propiciar un nuevo Estado, cuya misión central sea responder a los requerimientos y estar al servicio de los ciudadanos. Omitiremos las referencias a una nueva estrategia macroeconómica por existir numerosas propuestas, de altísima calidad, que pueden cumplir con estos requerimientos.

Los aspectos que se propone abordar forman un tejido complejo, interrelacionado en sus distintos aspectos, económicos, sociales y políticos. Crear conciencia sobre las implicaciones del hiperpresidencialismo y las deficiencias del modelo de propiedad marcadamente público, ofrece la posibilidad de fundar un modelo distinto de gobierno, que supere el régimen rentista concentrado, centralizado y antidemocrático.

En la dimensión socioeconómica, propiciar la creación de un tejido nuevo del mercado de trabajo, hoy excluyente y fragmentado, fruto directo del rentismo-patrimonialismo, del cual nadie está exento, conlleva pasar del estatismo-rentismo a una economía abierta, orientada al mercado y al crecimiento económico, imprescindible para la existencia de un mercado de trabajo incluyente y la disolución del Estado propietario.

La irrupción en cada uno de estos procesos inicia la liquidación del Estado patrimonialista-rentista, el cual, repetimos, tiene profundas raíces culturales en nuestro país. Ha sido casi una manera de vivir, que es necesario romper para poder aspirar a la condición de sociedad libre integrada por seres responsables.

Algunas acciones centrales a considerar en la formulación de una propuesta estratégica que derribe el Estado patrimonialista son:

+ Eliminar el hiperpresidencialismo. Reconocer y crear conciencia ciudadana acerca del impacto esterilizante sobre la sociedad que tiene la existencia de un poder concentrado y centralizado en un presidente, que subordina los poderes propios de las democracias y, por ende, impide la existencia del Estado de derecho. Aprehender el efecto pernicioso del hiperpresidencialismo nos pone frente a la posibilidad cierta de construir un nuevo modelo de gobierno.

+ Promover un consenso ciudadano sobre la imprescindible definición de las bases legales, económicas y administrativas para limitar la propiedad pública, a favor de un *país de propietarios*, cuyo fundamento sea el acceso a más y mejores oportunidades para todos, y la igualdad de los ciudadanos ante la ley.

+ Formular una agenda para transformar el mercado de trabajo polarizado y excluyente, gestado por el rentismo, el estatismo y la ausencia de libertades económicas, en una institución incluyente, abierta a la participación de todos los ciudadanos, siguiendo las perspectivas de una economía de mercado y la existencia de libertades económicas.

+ Conceptualizar un nuevo modelo de sistema de gobierno, desconcentrado y descentralizado, que supere el hiperpresidencialismo, privilegie la responsabilidad individual y se reoriente hacia una apertura económica imprescindible para la conversión del mercado de trabajo en una institución incluyente, la búsqueda de un *país de propietarios* y el restablecimiento del equilibrio entre poderes.

1. Crear conciencia ciudadana sobre la existencia del hiperpresidencialismo

El carácter patrimonialista del Estado venezolano genera de suyo una concentración de poder en el Ejecutivo, dando lugar a una situación que denominamos *hiperpresidencialismo*, definido como el poder ilimitado y prácticamente sin controles que ejerce el presidente de un país bajo el régimen patrimonialista.

En el jefe del Estado se concentran la información y las decisiones. Además, los sectores y grupos se relacionan a través de la estructura jerárquica del Ejecutivo, siendo muy escasa la vinculación horizontal entre sectores, pues la suerte de cada uno depende de la cabeza del Gobierno central.

El reconocimiento pleno de las dimensiones, cobertura y profundidad del Estado patrimonial requiere una mirada zahorí, que mida exactamente la dimensión de la metástasis. En el caso venezolano, implica una revisión exhaustiva de la cantidad de instituciones cuyo centro de poder está concentrado en el despacho del presidente de la República, tal como Pdvsa, institución que constituye un feudo del presidente, en cuyas manos reposan todas las decisiones de esta industria, la principal aportante de divisas al tesoro nacional.

Igualmente, es imprescindible medir el poder del Ejecutivo en la conformación del Alto mando militar, responsable de la dirección de las Fuerzas Armadas. ¿Cuál es el nivel de autonomía de esta institución en el ejercicio de su obligación constitucional? ¿Decide de acuerdo con sus obligaciones específicas, la conformación de los niveles de mando o es dirigido desde afuera de acuerdo con intereses políticos, ideológicos, ligados al ejercicio abusivo del poder armado, en pro de beneficios particulares? ¿Está sometido al poder civil legítimo constitucional o se inclina ante circunstancias de excepción ilegítimas? Midamos de forma realista cómo se mueven las Fuerzas Armadas, en cuál dirección y quién tiene los botones de mando. ¿Cuántos procesos, cuál nivel de decisión y cómo se designan las responsabilidades estratégicas y operativas?

Según pauta la Constitución, la misión establecida en el artículo 328 es:

> *La Fuerza Armada Nacional constituye una institución esencialmente profesional, sin militancia política, organizada por el Estado para garantizar la independencia y soberanía de la nación y asegurar la integridad del espacio geográfico, mediante la defensa militar, la cooperación en el mantenimiento del orden interno y la participación activa en el desarrollo nacional, de acuerdo con esta Constitución y con la ley. En el cumplimiento de sus funciones, está al servicio exclusivo de la nación y en ningún caso al de persona o parcialidad política alguna.*[21]

El balance que podemos hacer iniciando el 2020 es que este mandato constitucional ha sido violado. Siguiendo a María Werlau en su libro *La intervención de Cuba en Venezuela*,[22] las Fuerzas Armadas han tolerado la ocupación de Venezuela por militares cubanos (entre 20.000 y 25.000) y rusos participantes en actos de represión política y en el saqueo del país. Promueven la penetración de ideologías criminales entre los jóvenes. Permiten que militares extranjeros ejerzan autoridad en los cuarteles, aunque en Venezuela existan 1.100 generales más que en las Fuerzas Armadas de los Estados Unidos. Han tolerado la creación de grupos armados paralelos, ceden armas a los llamados colectivos, 35.543 personas que actúan con total impunidad contra la población civil. Más de 1600 oficiales de las Fuerzas Armadas han ocupado cargos irresponsablemente, carentes de la mínima preparación, sentenciando la ruina de Pdvsa, Sidor y todas las empresas del Estado que han tenido bajo su mando.

Hoy las Fuerzas Armadas han sido desalojadas de las listas de instituciones respetadas por los venezolanos. Militares torturan a sus colegas en defensa de una supuesta revolución socialista, en total violación de lo establecido en la Constitución.

Sabemos que la mayoría de las tropas de las Fuerzas Armadas son gente humilde, proveniente de hogares decentes. Algunos oficiales en su intimidad rechazan las tropelías cometidas por los generales del Alto mando y sus secuaces. No hay crimen sin castigo, quienes han participado en la destrucción del país tendrán que rendir cuentas ante los ciudadanos y, la más difícil de todas, frente a Dios. Una dura tarea para los nuevos gobiernos, enderezar éticamente a unas Fuerzas Armadas hoy completamente extraviadas.

Este nivel de análisis debe extenderse a toda la administración pública y a las empresas de su propiedad. ¿Quién y cómo define su estrategia y operaciones? ¿Quién ejerce control y seguimiento, quién toma las decisiones en el modelo de gestión?

Calibrar efectivamente la independencia de poderes. ¿Cuál es el nivel de independencia de los poderes Judicial y Legislativo? ¿Cómo expresa el marco jurídico vigente este equilibrio entre los poderes? ¿Cuáles son las interferencias impuestas desde el plano político? ¿Cuáles son los ámbitos y justificación del Poder Electoral y el Moral? ¿Cuánto abarcan sus responsabilidades y cuáles las decisiones autónomas que tienen posibilidad de asumir?

En síntesis, para desarmar el régimen patrimonialista es imprescindible conocer exactamente y de forma cuantitativa, cuántos procesos, instituciones, decisiones, planes, designaciones le son atribuidas por ley y dependen directamente del poder ilimitado del presidente de la República.

Para formular y ejecutar una estrategia comunicacional sobre el *hiperpresidencialismo* es imprescindible acceder a la información exacta que permita comprender a la ciudadanía la extensión del poder del presidente, sus efectos y consecuencias en la posibilidad de vigencia del Estado de derecho, libertades económicas, democracia política y posibilidad de cumplimiento de las garantías constitucionales y del marco de derechos y deberes de los ciudadanos.

Una estrategia comunicacional debe comenzar por la formación del liderazgo, en todas sus tendencias, que permita el reconocimiento y valoración del dominio del presidente y del Ejecutivo en las decisiones asumidas por los distintos gobiernos. Información básica para desarrollar un programa con fines pedagógicos, dirigido a los distintos segmentos de la población en todos sus niveles, cuerpos militares en todos sus rangos, corporaciones, sectores económicos, funcionariado de la administración pública, nacional, regional y municipal, organizaciones civiles, cuerpos diplomáticos y población trabajadora cualquiera sea su circunstancia, formal, informal, o por cuenta propia.

2. Promover un consenso ciudadano acerca de la imprescindible definición de las bases legales, económicas y administrativas que limiten la propiedad pública en favor de un país de propietarios

Uno de los principales retos de una estrategia orientada a consagrar la propiedad privada es cambiar la percepción sobre la propiedad en manos del Estado, que la concibe como una garantía de la existencia de la denominada propiedad social, cuya esencia es implantada desde el estatismo, bajo la imagen de que la propiedad del Estado es la propiedad de todos. La evidencia jurídica, histórica y económica es que en realidad la propiedad social no existe, tal como lo sintetiza Eugenio Guerrero en el texto *Propiedad social: respuesta inhumana*[23].

Los incentivos para el crecimiento no existen debido a que los supuestos propietarios de una empresa socialista no encuentran motivos reales para incrementar la productividad, la creatividad, la competitividad y la innovación; la ganancia derivada del esfuerzo individual pasa

73

a ser administrada por la élite del partido de gobierno, la cual no trabajó para producirla, y, además, les niegan a los productores el derecho a disfrutar del bien generado. 3) Los colectivos revolucionarios tampoco disfrutarán de la ganancia entrante, ya que esta pasaría a un fondo estatal para ser redistribuida bajo los planes que el Gobierno fije. 4) En vista de que una proposición marxista consiste en superar las diferencias salariales (hasta hacerlas desaparecer) porque representan la expresión de la división capitalista del trabajo, es imposible que el ser humano se motive para lograr la excelencia. 5) Si la norma es acabar con el modo de producción capitalista, y así mismo con la acumulación de riquezas, ¿qué será de los bienes de un trabajador que incrementó sus ahorros y pretende aumentar sus propiedades y posesiones para mejorar su condición de vida y, posiblemente, dejárselas en herencia a sus hijos? ¿Estas serán expropiadas por representar el germen del capitalismo?

3. Construir una Agenda antipatrimonio público, de forma consensual, en diálogo abierto con el país

La Agenda antipatrimonio público constituye una eficaz herramienta para avanzar hacia la liquidación del Estado patrimonialista, y está integrada por dos niveles de acciones. Unas dirigidas a la transformación del dominio cultural ejercido por la ideología de corte socialista, que pregona la estatización de la propiedad como el camino para asegurar derechos ciudadanos. En segundo lugar, plantea un conjunto de medidas, modificaciones de normas, leyes y acciones administrativas dirigidas al rescate y devolución de bienes expropiados, además de detener los procesos destructivos de la propiedad privada.

Un objetivo es devolver al control ciudadano toda actividad que pueda ser desarrollada por el sector privado y los particulares. En este sentido, se populariza la pregunta ¿cuáles son aquellas actividades que pueden ser realizadas por las personas con mayor calidad que un organismo o servicio público?

+ Reformar el marco legal antimonopolio vigente, enfatizando la importancia de la libre competencia. Promover una amplia reflexión en la opinión pública en torno a la libre competencia, apertura y desarrollo.

+ Diseñar el proceso de devolución del patrimonio expoliado a los ciudadanos durante los últimos veinte años. Términos económicos, jurídicos, responsabilidad del Estado con los despojados de su propiedad.

+ Realizar una reconversión de las propiedades expoliadas no aceptadas por sus antiguos dueños. Evaluación de modelos actual y propuesta de reconducción.

+ Evaluar el espectro institucional público con posibilidad de transferencia a propiedad privada de acuerdo con experiencias mundiales exitosas. Definir esquemas de transferencia a sectores interesados en la propiedad y gestión de estas instituciones.

+ Evaluar el marco jurídico propiciado y erogado en los últimos veinte años, cuya orientación ha sido privilegiar la propiedad pública y debilitar el derecho de los ciudadanos a convertirse en propietarios. Evaluar los impactos de esta normativa jurídica.

+ Elaborar una propuesta alternativa que privilegie la existencia de un país de propietarios.

+ Implantar un programa de restructuración corporativa de las empresas propiedad del Estado venezolano.

+ Proveer con transparencia, oportunidad, exactitud y alta difusión, datos e información macroeconómica, facilitando cálculos económicos y costos transaccionales, que fortalezcan las ventajas de la propiedad privada.

+ Desarrollar una estrategia comunicacional para el liderazgo, ciudadanía y organizaciones civiles sobre el sentido y orientación del cambio, resaltando la significación para el rumbo nacional de privilegiar la propiedad ciudadana sobre el concepto de extensión y vigencia del Estado patrimonial.

4. Transformar el mercado de trabajo gestado por el rentismo. Inaplazable requerimiento para cambiar el país

Una inquietud que urge plantear es la siguiente: ¿por qué transformar el mercado de trabajo es clave para cambiar el país?

Es indudable que una de las acciones más contundentes para desmontar el Estado propietario-patrimonialista es la orientación estratégica hacia la reestructuración del mercado de trabajo, el más importante de todos, cuyas características expresan la naturaleza patrimonial y la imposición de la economía rentista.

Partir de la transformación del mercado de trabajo en una institución incluyente puede ser cuestionado, argumentando que no es allí donde se edifican las estrategias y procesos económicos críticos de un país, y que por el contrario, el mercado de trabajo expresa un resultado, una confluencia, y no propiamente la raíz o el punto generador de lo que constituye la economía de un país. Sin embargo, su adopción como punto de partida es crucial, por ser el mercado de trabajo el resultante de lo que constituye la dimensión económica de una sociedad, con todas sus aristas, que lo convierte en el mercado más importante de todos, como afirma Daron Acemoğlu[24].

El mercado de trabajo venezolano ha sido y es, un espacio completamente segmentado, con una estructura polarizada, dividida, entre un sector amparado por leyes, a pesar de que el 40 % de esa población se encuentra restringida a la definición del salario mínimo, frente a otro sector mayoritario, al margen, que trabaja, produce, pero que no es protegido, ni es contribuyente, denominado sector informal de la economía.

Observar y plantear la transformación económica desde el mercado de trabajo es, sin duda alguna, proyectar cambios desde la vida de la gente y no desde indicadores teóricos o políticas que a pesar de su contundencia no forman parte de la realidad aprehendida por las personas, destinatarias de esta propuesta.

Para que un mercado de trabajo sea incluyente tiene que ser abierto a oportunidades para todos, tiene que basarse en una estrategia económica orientada al mercado, fundada en la productividad y competitividad, en el carácter expansivo del número de empresas que aportan bienes, servicios y en nuevas oportunidades de empleo de calidad. Tiene que ser regido por leyes laborales que superen el concepto de lucha de clases y basarse en la colaboración entre los distintos agentes, sectores y en la orientación de un Estado centrado en la búsqueda del crecimiento económico y el bienestar de los ciudadanos. Y, lo fundamental, tiene que estar en perfecta conexión con el reconocimiento de la creación de capacidades como el factor neural de la posibilidad de transformación del mercado de trabajo.

No habrá cambios en el mercado de trabajo que no sean expresión de la calidad y habilidades de la población para crear actividades con valor, cónsonas con estrategias orientadas al crecimiento. La importancia del mercado de trabajo podemos visualizarla analizando los siguientes factores:

- Es el ámbito de confrontación directa de la gente y la economía. Ningún ente o sujeto de la sociedad está al margen de su relación-participación en el hecho económico.
- El mercado de trabajo venezolano es producto de una estrategia macroeconómica anticrecimiento-rentista aplicada por el Estado venezolano.
- Existe un mercado laboral segmentado, base de la polarización social.
- Expresa el fracaso educativo. Baja escolaridad de la fuerza de trabajo. El nivel educativo promedio de la fuerza de trabajo es quinto grado.

77

+ Presenta un escaso o nulo desarrollo tecnológico. La educación está desconectada del crecimiento económico.
+ Posee una insuficiente generación de empleos productivos.
+ Ofrece pocas oportunidades para las nuevas generaciones.
+ Refleja un crecimiento del empleo público improductivo producto de la eliminación, expropiación de las empresas privadas.

La transformación del mercado de trabajo requerirá de un cambio estratégico en la economía y de la evolución del modelo de propiedad para garantizar la propiedad privada y la existencia de un país de propietarios. En este proceso será fundamental.

+ Transformar la gestión económica rentista en estrategia macroeconómica hacia el crecimiento.
+ Transformar leyes laborales en leyes de consenso obrero-patronales. Erradicar la noción de lucha de clases en la normativa laboral.
+ Vincular orgánicamente educación y trabajo. Priorizar la formación de capacidades como estrategia nacional para superar la pobreza y la exclusión social.
+ Promover acuerdos y conciliación entre trabajadores y empresarios.
+ Reconocer la importancia del movimiento sindical.
+ Promover la expansión de empresas generadoras de empleos de calidad.
+ Promover las condiciones económicas y legales que propicien la integración de los trabajadores informales al mercado formal de la economía.
+ Promover el emprendimiento con participación estable en el mercado.

5. Vincular la estrategia de sustitución del Estado patrimonial con un nuevo modelo de sistema de gobierno

La superación del Estado patrimonialista con base en la desactivación del hiperpresidencialismo, la transformación del modelo de propiedad, la conversión del mercado de trabajo en una institución incluyente genera el marco propicio para el establecimiento, de forma conceptual, de los límites del poder de un gobierno democrático, que asuma la existencia del Estado de derecho, la libertad económica y la presencia de la institucionalidad democrática.

El norte del nuevo sistema de gobierno es redefinir un modelo desconcentrado y descentralizado, base para la redistribución eficiente y justa del poder político a nivel territorial. Un proceso técnico-organizativo con un profundo impacto cultural, que requiere de un compromiso sólido del liderazgo político e institucional, y también de la población en el ámbito nacional, estatal y municipal.

Construir un nuevo sistema de gobierno constituye uno de los pasos decisivos para abandonar el modelo rentista, superar el sistema presidencialista, el desequilibrio de poderes, la sobredimensión del Poder Ejecutivo, el autoritarismo y la ausencia de participación ciudadana, todos factores del evidente fracaso gubernamental en conducir los destinos del país.

A continuación, una breve síntesis del nuevo modelo de gobierno propuesto por Gerardo Fernández en *La búsqueda de un nuevo sistema de gobierno para Venezuela*[25]. Factor esencial en la búsqueda de la liquidación del Estado patrimonial, el establecimiento y vigencia del Estado de derecho y el avance hacia un modelo de crecimiento económico.

REFORMAS EN LA ESTRUCTURA, ORGANIZACIÓN Y FUNCIONAMIENTO DEL PODER EJECUTIVO

1. Establecimiento de una jefatura de Estado con legitimidad electoral, poder político real y competencias efectivas, con clara limitación de sus facultades y un equilibrio estable entre los distintos poderes.
2. Mandato corto del presidente de la República.
3. Eliminación de la reelección o una reelección inmediata.
4. Sistema electoral a dos vueltas, que regule los procesos elecciona-

rios, garantizando el voto libre y democrático, minimizando el ventajismo del gobierno, y generando igualdad de condiciones entre candidatos. En la primera vuelta se selecciona a los mejores candidatos; en la segunda se elige al presidente.

5. Ejecutivo bicéfalo con un presidente de la República, jefe de Estado, y un jefe de Gobierno o presidente del Consejo de Ministros, lo cual introduce en nuestro sistema una de las características claves del parlamentarismo.

6. Presidente de la República como jefe de Estado electo, con funciones reales y efectivas reforzadas, con un jefe de Gobierno o jefe de Consejo de Ministros.

7. Creación de la figura del jefe de Gobierno o jefe del Consejo de Ministros, el cual podría denominarse jefe del Consejo de Ministros. Está a la cabeza del gobierno y su rol es gobernar, nombrado por el presidente de la República, investido por la Cámara Baja, lo cual establece una doble responsabilidad: ante el presidente de la República y ante la Cámara Baja.

8. La potestad legislativa extraordinaria del Ejecutivo Nacional y la disminución de la reserva legal. Redefinición del régimen aplicable a la potestad normativa excepcional del Ejecutivo Nacional, en virtud de la habilitación legislativa. Reformular la reserva legal y reducción del ámbito material exclusivo de la ley. Una reserva legal más pequeña y un poder reglamentario mayor se imponen debido a las exigencias y la dinámica del Estado moderno.

9. Limitación de la habilitación legislativa con condiciones constitucionales. Establecer materia no delegable, aplicar control político u aprobación por el parlamento.

PROPUESTAS DE REFORMAS A LA ESTRUCTURA, ORGANIZACIÓN Y FUNCIONAMIENTO DEL PODER LEGISLATIVO

1. Fortalecimiento institucional del parlamento. Restauración del bicameralismo.

2. Preponderancia del Senado en los temas de política exterior, defensa nacional, federalismo y descentralización. Igualmente, en el nombramiento de magistrados, rectores al Consejo Electoral, procurador general de la República, y fiscal general. El Senado también conocería del enjuiciamiento presidencial.

3. La Cámara Baja debe ser la Cámara política por excelencia. Debe llevar la tutela en el ámbito del control del gobierno, la materia fiscal, tributaria y presupuestaria. Ante ella se haría efectiva la responsabilidad política del Gobierno y del jefe de Gobierno o jefe del Consejo de Ministros, a través de los mecanismos de la investidura, la confianza y la censura. Ante esta Cámara se daría inicio al procedimiento de enjuiciamiento del presidente de la República.

4. El sistema electoral para elecciones legislativas.

5. Fortalecimiento de la función contralora. La Contraloría General de la República y la Defensoría del Pueblo serían órganos del control parlamentario y el Ministerio Público y el Consejo Supremo Electoral, entes desconcentrados con autonomía funcional y presupuestaria.

6. Reconquista de la democracia parlamentaria.

REFORMAS NECESARIAS SOBRE ASPECTOS E INSTITUCIONES QUE CONDICIONAN EL FUNCIONAMIENTO DEL SISTEMA SEMIPRESIDENCIAL

1. La eliminación de la Constitución militarista.

2. Fortalecimiento de los partidos políticos y financiamiento mixto.

3. Profundización del federalismo.

4. Nueva estructura de la jurisdicción constitucional. La Corte Constitucional.

5. Eliminación del Poder Ciudadano y del Poder Electoral.

6. Defensoría del Pueblo y la Contraloría General de la República como órganos del Congreso y del control parlamentario.

Algunas conclusiones

El interés de la propuesta esbozada está relacionado con la urgencia de derribar el Estado patrimonialista. Enfatiza la idea de que el cambio es posible si se construye desde una dimensión cultural, en el campo de las creencias y valores aceptados hasta hoy por nuestra gente, que representan también un obstáculo para avanzar hacia un nuevo horizonte de oportunidades.

Basados en la anterior convicción, insistimos en que los cambios no son mecánicos. No son solo prácticos, sino que necesariamente tienen que surgir de un nivel de conciencia ciudadana plantada sobre responsabilidades, y no sobre el destructivo ajuste de cuentas entre sectores de la sociedad, cuyos resultados siempre han sido nefastos para todos.

Se trata de reflexión, aprehensión de nuevos horizontes, levantar la mirada y contemplar objetivamente aquellas sociedades que han podido superar sus dificultades y avanzar hacia un sistema beneficioso para todos. Se aspira a contar con redes institucionales que, en lugar de excluir, incluyan. Tener la seguridad de que los individuos son iguales ante la ley, y que la tarea del Estado es promover todos los procesos que conlleven la creación de más y mejores oportunidades.

La creación de un nuevo sistema de gobierno que permita superar las trabas a la modernización y democratización de Venezuela constituye uno de los temas de mayor importancia para poder anular el rentismo, el patrimonialismo, el hiperpresidencialismo y, en especial, la omisión de la participación ciudadana en la gestión del país.

Es imprescindible que las organizaciones sociales, políticas, los gremios, los sectores económicos, introduzcan la reflexión sobre este tópico como elemento esencial para la redefinición de un país distinto donde se reconozca el poder del ciudadano y se profundice el Estado de derecho y la apertura al crecimiento económico.

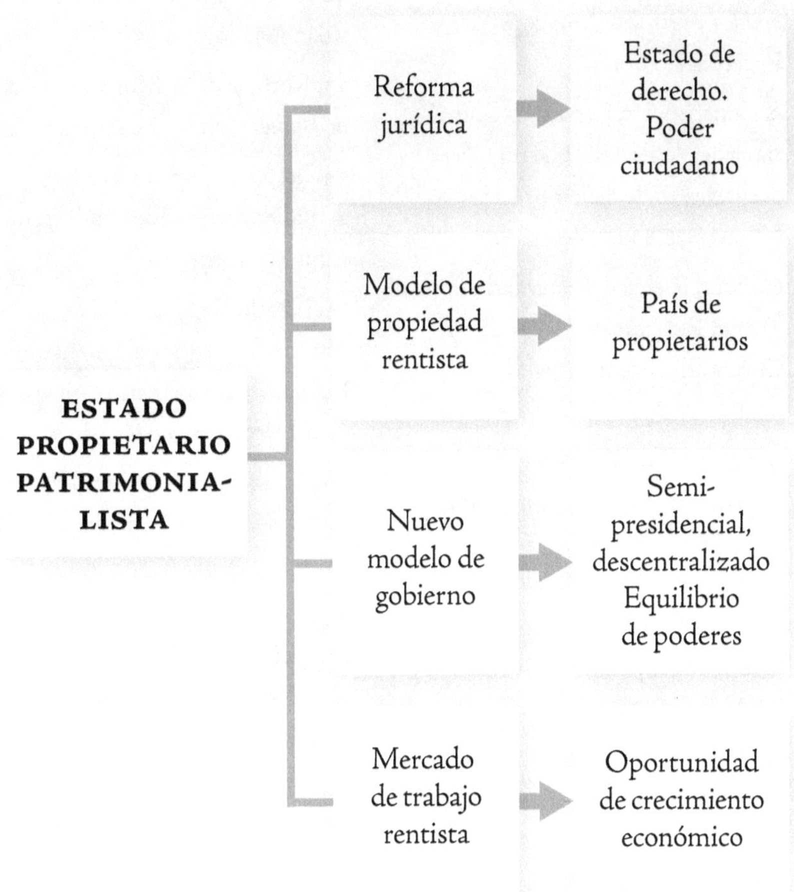
ESTADO PROPIETARIO PATRIMONIALISTA
Reforma jurídica
Estado de derecho. Poder ciudadano
Modelo de propiedad rentista
País de propietarios
Nuevo modelo de gobierno
Semi-presidencial, descentralizado Equilibrio de poderes
Mercado de trabajo rentista
Oportunidad de crecimiento económico

NOTAS

4. Betancourt, Rómulo. *Venezuela, política y petróleo*. Amazon, Paperback, 2014.

5. Constitución República Bolivariana de Venezuela. *Gaceta Oficial* del jueves 30 de diciembre de 1999, Número 36.860.

6. Pipes, Richard. *Propiedad y libertad*. Turner Publicaciones/Fondo de Cultura Económica, 2002.

7. Hegel, Friedrich https://pijamasurf.com/2019/04/ las_tres_experiencias_decisivas_para_una_conciencia_verdaderamente_libre_segun_hegel/?} fbclid=IwAR1vOENdf_RBd-jrxWYVVuRI8X6AzEdmFx-J99ef4DVW1yLDhFzYKHcZ1wOg#.XKM7mslcW-I.facebook

8. Nietzsche, Friedrich. *Más allá del bien y del mal*. Páginas 122, 123. Península, Barcelona, 1973.

9. https://aldiavenezuela.microjuris.com/2013/12/04/plan-de-la-patria-objetivos-y-texto-completo/

10. Banco Central de Venezuela. 2019. https://papagayonews.com/189-millardos-de-dolares-salieron-de-venezuela-desde-la-implementacion-del-control-cambiario/

11. Curiel, José. *Del pacto de Punto Fijo al pacto de La Habana*. Editorial La Hoja del Norte 2014. 2.ª edición.

12. Noticiero Digital del 2 de abril de 2009 http://problemaseconomicosvzla2009.blogspot.com

13. Rothbard, N. Murray. *Lo esencial de Ludwig von Mises*. Amazon, 2009.

14. http://dialogopolitico.org/actualidad/el-estado-de-derecho-como-justo-medio/ }

15. North, Douglas. Pág 25. Institutions, Institutional Change and Economic Performance. New York: Cambridge University Press.

16. Acemoglu y Robinson. *Por qué fracasan los países*. Amazon, Kindle edition, pág. 98.

17. Encovi Encuesta Nacional de condiciones de vida. 2018. https://www.arcores.org/encovi-2018-94-de-la-poblacion-venezolana-carece-de-ingresos-suficientes-para-subsistir/

18. Encovi Encuesta Nacional de condiciones de vida. 2018. https://www.arcores.org/encovi-2018-94-de-la-poblacion-venezolana-carece-de-ingresos-suficientes-para-subsistir/

19. Cooperativas bdigital.ula.ve/storage/pdf/cayapa/v8n15/articulo2.pdf

20. Pedro Palma. http://www.el-nacional.com/noticias/columnista/hasta-cuando-caos_84349(20)

21. Constitución República Bolivariana de Venezuela. Gaceta Oficial del jueves 30 de diciembre de 1999, Número 36.860.

22. Werlau, María. La intervención de Cuba en Venezuela. Free Society Proyect Inc. 2019.

23. Guerrero, Eugenio. Propiedad Social, Respuesta inhuman. Cedice Libertad.

24. Acemoglu, Daron. De dónde vienen los buenos empleos. https://www.project-syndicate.org/commentary/automation-vs-job-creation-by-daron-acemoglu-2019-04/spanish?barrier=accesspaylog

25. Fernández, Gerardo. *La búsqueda de un nuevo sistema de gobierno para Venezuela*. Academia de Ciencias Políticas y Sociales. 2019.

III

LA ÉTICA RENTISTA

*Mitos que devoran realidades
y domestican individuos.*
EDGARD MORIN

Los mitos en la ética rentista

La ética rentista en un sentido laxo son aquellas decisiones y elecciones sobre cómo vivir. Surge como adaptación a una realidad dominante poblada de mitos, ideas y creencias. Nuestros mitos son aquellas versiones de la realidad nacidas de ideologías que ofrecen una interpretación del mundo, de las relaciones entre las personas, del poder, la economía y del ser humano. Nociones que logran adquirir una apariencia lógica de la realidad.

Cualquier rastreo histórico que realicemos demuestra que los venezolanos y los latinoamericanos tienen una carga mítica, o conjunto de ideas de las cuales se derivan sus actuaciones, decisiones y gran parte de la conducta individual y colectiva.

Estos mitos pueden convertirse en ideas fuerza, capaces de desencadenar movimientos sociales que legitiman aspiraciones, que al final se expresan en las decisiones de los pueblos cuando eligen quién y cómo deben ser gobernados.

A través de la historia hemos visto las innumerables iniciativas que han tomado los pueblos latinoamericanos cuando se asume la necesidad de implantar modelos económicos basados en la lógica de la productividad, la apertura a mercados con libertades, la consagración del respeto a la propiedad privada, la valoración de la actividad empresarial como detección de oportunidades de crecimiento económico, y el impulso en toda su extensión de las capacidades de los individuos para realizar acciones de valor para ellos y la sociedad. Todos principios de una economía liberal, donde la decisión la imponen los individuos, sus instituciones y no el dominio opresivo de un Estado totalitario o una figura dictatorial.

Hemos visto a estos países latinoamericanos, y a Venezuela en particular, en un ir y venir, intentar caminos de mayor libertad y devolverse a las soluciones populistas, cuando se exige disciplina, mayor esfuerzo, más deberes, como fundamentos de los derechos, respeto a la propiedad privada, ceder entre el crecimiento como resultado del esfuerzo y moderación a la seducción del consumo derivado de acciones populistas.

Las excusas para estos regresos al fracaso están amparadas por un conjunto de mitos que funcionan como una tecnología dura, que programa la inutilidad del esfuerzo individual y exalta el poder del Estado, concentrado en una oferta engañosa de mejorar la calidad de vida de los individuos y resolver el drama de la pobreza. Resulta incomprensible entender por qué en una sociedad cualquiera, en este hemisferio, el pueblo desecha la construcción de una economía basada en el esfuerzo, en la ética del trabajo y en la libertad económica. Tenemos que detenernos a mirar cuáles son los mitos que se albergan en su conciencia colectiva, y qué les impulsa a tomar caminos históricamente derrotados en todas partes del mundo. Tales son los acontecimientos recientes en México, con la elección de un líder socialista cuya propuesta de enganche fue aumentar salarios y pensiones, sin aludir a la productividad, la competitividad, la garantía de la propiedad privada y la expansión empresarial, sino, por el contrario, refugiarse en el comodín del ensanchamiento y más poder para el Estado.

En Argentina, con el mismo impulso deciden reinstalar el régimen peronista, un particular modelo de dictadura populista apoyada por el pueblo. Como consuelo hay que recordar que el estalinismo duró setenta años, y era mucho más fuerte que el peronismo. El PRI en México, una especie de peronismo suave, también duró más de setenta años. No hay regímenes eternos. Estos modelos socialistas han estado en el poder en promedio siete décadas en cada país. Allí se ha incubado la modelación de la educación, la estrategia comunicacional formadora de conciencias, el peso de líderes izquierdistas y gobernantes que actúan como metabolizadores de los acontecimientos, convirtiendo cada fracaso de sus políticas en un producto de la obstrucción de los liberales, de la conspiración de los países democráticos. Este entorno genera una condición de imbatibilidad de los mitos antiliberales, que en general no tienen quien los combata; además, quien los refuta es fácilmente acusado de explotador, especulador o traidor a la patria. Es imprescindible que asumamos responsablemente una introspección de los mitos que nos modelan en la política, la economía y en nuestra existencia.

Asimilar verdades que rechazamos, aun viniendo de fuentes serias e incorruptibles, que nos muestran la falsedad de creencias en las cuales nos hemos refugiado la mayor parte de nuestras vidas. Sin pecar de exhaustividad, entre ellos asomemos los siguientes mitos:

LA ÉTICA RENTISTA. MITOS VS. REALIDADES

MITO	vs. NUEVA ÉTICA
1. El socialismo es superior moralmente porque se basa en una lucha contra la desigualdad.	1. Ideas liberales basadas en la confianza en la responsabilidad individual y en las capacidades humanas para construir su destino.
2. El marxismo es un modelo humanista de justicia e igualdad.	2. Superación de la ética rentista por las ideas liberales como encuentro con nosotros mismos.

SIGUE >

3. Los mitos fundacionales como interpretación fatalista del destino de los pueblos.	3. La construcción de sociedades libres producto de la decisión de respetar la propiedad y la libertad.
4. ¿Nuestras necesidades se convierten automáticamente en derechos?	4. Los derechos legitimados por el esfuerzo, las responsabilidades individuales y las capacidades humanas.
5. Los populismos construyen los mitos que convierten las necesidades básicas en derechos.	5. Clara definición de una estrategia de crecimiento económico respaldada por la prioridad del desarrollo de las capacidades humanas.
6. Los subsidios resuelven la pobreza.	6. El desarrollo de capacidades de los individuos como alta prioridad y respuesta a las aspiraciones humanas.
7. La lucha de clases es el motor de la historia.	7. Solo el acuerdo en torno a un proyecto de sociedad incluyente puede cambiar el destino de un país.

1. MITO. El socialismo es superior moralmente porque se basa en una lucha contra la desigualdad **vs.** Ideas liberales basadas en la fe en la responsabilidad individual y las capacidades humanas para construir su destino

Cualquier análisis realizado en el inicio del 2020 muestra que América Latina es la región con menor crecimiento. La economía global crecerá en 3,2 %. Asia cada vez más poderosa, 6,2 %; África subsahariana, 3,4 %; Medio Oriente, 3,4 % y América Latina un pobre 0,6 %.

Explicaciones sobran, nuestra gran falla educativa, la incertidumbre en el trazado de políticas públicas, el desconocimiento del Estado de derecho, la ausencia de valoración a la productividad, el gasto superando los ingresos, y la poca inversión que afecta directamente el crecimiento, y como consecuencia, la expansión de la pobreza. Otros señalan que el núcleo del problema es la desigualdad, considerando los estudios del Banco Interamericano de Desarrollo (BID) sobre nuestra región, que plantea:

> *Lo que sucede en Latinoamérica es que ha venido cayendo (el crecimiento) de la mano de los problemas tradicionales que hemos tenido de desigualdad, que es un tema muy grave.*[26]

Esta alusión obliga a inquirir sobre el universo que encierra la desigualdad y cuán determinantes son los factores que la designan. Surge en primer plano, la inquietud ante la desmesura del gasto público, las violaciones al Estado de derecho como factores ligados a la desigualdad.

Sin embargo, es imprescindible reconocer que cuando se habla de desigualdad en América Latina, se está utilizando un concepto de la ideología marxista, es el fenómeno de la desigual distribución del ingreso, la concentración de la riqueza y la propiedad en las clases dominantes. La igualdad se trasmuta en un problema material, como dice Erich Fromm:

> *Marx solo quería el mejoramiento económico de la clase trabajadora y quería abolir la propiedad privada para que el obrero pudiera tener lo que ahora tiene el capitalista.*[27]

La fórmula para eliminar la desigualdad material sería anular la propiedad privada como se ha intentado en Venezuela, acabar con la separación de los individuos en dos clases: poseedores y desposeídos, idea que engendra el camino de la lucha de clases como motor de la historia. Una concepción causante de grandes genocidios universales.

Hablamos de desigualdad sin profundizar en el tema. Si es material, la solución sería expropiar, confiscar la riqueza de otros y repartir. Solución –caso Venezuela– que constituye la raíz de la violencia, el odio y la agudización de la pobreza.

Es improbable que alguna persona o entidad acepte ser despojada del fruto de su trabajo. Segundo, lo expropiado queda en manos del Estado, el real sujeto expropiador y, por último, el Estado es incapaz de sustituir el ánimo del empresario y la empresa privada, experiencia que arruina y destruye, como hemos vivido en nuestro país y en todas las experiencias socialistas. Después de las revoluciones socialistas, indefectiblemente viene el hambre y la represión, verbigracia Cuba, URSS, China, Camboya y nosotros.

Es imperativo afinar las ideas para que propicien nuevos cambios. Cuando se habla de desigualdad, en general, se alude al reparto y expropiación como solución. Camino que ha sido la causa del empobrecimiento masivo, de la imposibilidad de crecimiento y del conflicto social. Ante esta circunstancia es ineludible la pregunta por el ser humano, no como exquisitez filosófica, sino como fundamento de nuestras acciones.

Imposible obviar la definición que nos enseña Martin Heidegger: «el ser humano es una posibilidad de ser, un continuo proyectarse hacia el futuro desde un pasado, un continuo hacer planes e intentar cumplirlos».[28] Asumir esta concepción obliga a formularse otras preguntas: ¿qué posibilidad de ser tiene un latinoamericano? ¿A qué mundos vincula sus expectativas? ¿Qué, cuáles y cuántos caminos existen en su vida real? ¿Cuál es la contribución de la política al definir su existencia? ¿Qué valor tiene el individuo y cuánta responsabilidad asume en respaldo de sus derechos? La reflexión es imprescindible porque de ello depende la orientación de los esfuerzos de la sociedad.

La desigualdad material no se resuelve con violencia, represión, expropiación y reparto. Se soluciona velando por la existencia de oportunidades. Se trata de la igualdad de oportunidades, el ámbito hacia el cual deben orientarse nuestras políticas públicas y nuestras instituciones políticas.

Este tema nos lleva a una confrontación con la hegemonía cultural del socialismo, ideología que ha impuesto el dogma de la solución en Latinoamérica, como un inevitable enfrentamiento de clases, como la única alternativa que permite emparejar las circunstancias: *poseedores contra desposeídos.*

Ni la educación ni el crecimiento económico importan para los socialistas, solo el enfrentamiento social, la lucha de clases y la extinción de la propiedad como pregona el *Manifiesto comunista*, el cual aplican sin contemplaciones en cualquier lugar del planeta donde se logran imponer.

El tema central por el cual debemos luchar es la existencia de más y mejores oportunidades, que las aspiraciones y sueños de cada persona permitan recorrer caminos que la lleven hasta donde ansía llegar.

En nuestros países nunca se han valorado las oportunidades como posibilidades, sino como donaciones del Estado, concesión de grupos políticos con poder, o victoria atribuible al socialismo. Hoy nuestra lucha tiene que centrarse en hacer valer la igualdad de oportunidades, fruto de las responsabilidades con nuestra existencia, no un regalo, sino un reflejo de nuestro esfuerzo y uso pleno de nuestras potencialidades.

El Banco Interamericano de Desarrollo (BID) y otros organismos multilaterales hacen inmensos esfuerzos por estudiar la economía, pero muy poco se fijan en valorar, medir y profundizar las oportunidades de existencia de los nacidos en estas tierras. Cuáles valores animan a los individuos, a los políticos. Harán falta golpes de Estado, muertes y violencia para entender que la igualdad de oportunidades es el único camino posible para transitar a una vida mejor. A ese mundo hay que devolver la mirada, si queremos crecer como seres humanos. No se trata de una supuesta superioridad moral del socialismo fundada en la división en clases sociales contrapuestas, cuya solución solo puede ser el enfrentamiento, la destrucción y la guerra contra la propiedad privada.

En vía contraria al mito de la lucha de clases como motor del cambio e instrumento de la redención del ser humano, Martha Nussbaum plantea el concepto de las capacidades como base para *una teoría de los derechos básicos de los seres humanos*, requisito mínimo del respeto por la dignidad humana. Nussbaum afirma que las sociedades debieran garantizar a todos sus ciudadanos un nivel superior al umbral mínimo de las siguientes capacidades humanas fundamentales:

1. La mortalidad. Capacidad de vivir una vida humana de longitud normal y que la vida no quede tan mermada que no merezca la pena vivirse.

2. La corporalidad. Capacidad de tener salud física. Alimento, vivienda, etc.

3. El placer y al dolor. Capacidad de mantener la integridad corporal. Protección ante ataques violentos, incluidas las agresiones sexuales y la violencia doméstica. Capacidad de moverse libremente de unos lugares a otros, posibilidades de satisfacción sexual y de elegir en lo que atañe a la reproducción.

4. La cognición. Capacidad de emplear los sentidos, de imaginar, de pensar y de razonar. Implica la necesidad de una educación adecuada.

5. Las emociones. Capacidad de sentir apegos hacia cosas y personas que están fuera de uno mismo. Amar a quienes nos aman y se preocupan por nosotros. Sentir pena por su ausencia. En general, amar, padecer, sentir anhelos, compasión y gratitud.

6. La razón práctica. Capacidad de formarse una concepción del bien e implicarse en reflexiones críticas acerca de la planificación de la propia vida. Es pertinente señalar que, en la concepción de Nuss-

baum, la razón práctica es fundante respecto a las otras capacidades, porque permite determinar cuál es el grado óptimo o virtuoso de realización de una capacidad.

7. La sociabilidad. Capacidad de formar una comunidad con otros seres humanos. Reconocer y mostrar preocupación por otros seres humanos, comprometerse en diversas formas de interacción social, imaginar la situación de otras personas, tratarse con respeto, etc.

8. La relación con otras especies y la naturaleza. Capacidad de vivir junto a ella, y respetar a los animales, las plantas y la naturaleza en general.

9. El humor y el juego. Capacidad de reír, jugar y disfrutar de actividades recreativas.

10. La individualidad. Capacidad de vivir la propia vida y ostentar cierto control sobre el propio entorno. Participar de forma efectiva en las decisiones políticas que gobiernan la vida, poseer libertad de expresión y asociación, derecho a la propiedad privada.[29]

En síntesis, es imposible negar que el desarrollo de Occidente, la expansión del comercio, la libertad política, la economía de mercado y la democracia política han sido los reales portadores de mejoras, de mayor calidad de vida, del incremento de países viviendo en democracia y libertad. En oposición total a la imposición del mito de la lucha de clases como categoría portadora de violencia, destrucción y fracaso social, tal como lo ha demostrado en toda su amplitud la caída del mundo socialista en los diecisiete países de la Unión Soviética, en el regreso de China a la economía de mercado y a la reunión triunfante de Alemania bajo la vigencia de un modelo de economía social de mercado.

Estas experiencias en el mundo derrotan por completo el mito que supone la superioridad moral del socialismo por encarnar la defensa de los que consideran sectores explotados, desfavorecidos. Por el contrario, muestran que la mayor inversión de cualquier sociedad es depositar

–como altísima prioridad– la confianza en las capacidades humanas, luchar para expandirlas y adecuar su marco normativo, en el sentido que propone Martha Nussbaum, por respeto a la dignidad humana.

2. **MITO.** **El marxismo es un modelo humanista de justicia e igualdad**

vs. **La superación de la ética rentista como encuentro con nosotros mismos**

Superar la ética rentista es una invitación a ejercer la libertad que todos los seres humanos tenemos como condición natural. Se trata de escoger cómo vivir. Es la responsabilidad de elegir nuestro propio camino, lo cual no es más que una tarea creadora.

La relevancia del tema surge ante la pregunta: ¿realmente escogimos cómo vivir? ¿Decidimos? ¿Fue una elección libre optar como sujetos en una condición de beneficiarios de una renta o riqueza en la cual poco habíamos participado? Una riqueza que se disfruta de forma pasiva, que se recibe y se reparte, que no supone una carrera permanente por ampliar nuestras capacidades para participar con conocimientos y habilidades en la creación de valor para nosotros y la sociedad. Es allí donde surge el tema político.

En las sociedades rentistas, el esfuerzo se concentra en cómo se reparte, no pasa de allí nuestra beligerancia. Una contienda que supone la exclusión, porque el objeto de la competencia entre individuos es acceder a lo que ya ha sido producido, no es sinónimo de esfuerzo, de aporte, de poner en juego nuestras capacidades, conocimientos y habilidades.

El encuentro en las sociedades rentistas es sobre todo por las características no creativas del reparto. ¿Es justo? ¿Existen privilegios? ¿Cómo se decide?

El activismo solo llega hasta allí porque nos sentimos sometidos a una condición que es impuesta desde afuera, ser ciudadanos de una sociedad donde el Estado es dueño de la riqueza y en virtud de tal posesión asume el derecho a repartirla.

Ahora bien, hablamos de un ejercicio de libertad porque lo que sí tenemos, y nadie podría arrebatarnos, es el derecho a decidir qué hacer, escoger, aceptar y rechazar. Solo los seres humanos tenemos este privilegio de entrar en la dimensión ética de nuestra existencia. Es la materialización de nuestra libertad.

Si tratamos de definir la ética rentista tendríamos que decir que aparece como un modo de vivir, de espaldas a nuestra potencial libertad, como la negación del movimiento de conciencia que nos empuja a actuar, a cambiar el estado de cosas, a elegir qué hacer.

Hasta ahora se consideraba que lo ético con relación a la renta era repartir *con justicia*, es decir, equitativamente, sin reforzar privilegios, de forma equilibrada. Sin embargo, esto, tal como muestra nuestra historia, es imposible, siempre el que funge de repartidor es afectado por sus valores, cultura, tradiciones o intereses particulares. Hay que reconocer que aun ante la posibilidad de un reparto con justicia, los individuos se colocan en una situación de pasividad y esperan. La decisión está en otras manos, no decides tu vida, esperas ser beneficiado y para ello la principal cualidad es la paciencia y la sumisión.

La libertad surge cuando decides actuar, no esperar. Cuando asumes que tienes un proyecto y quieres vivirlo. No tienes que esperar que otro agache el dedo. En busca de un consuelo podemos autointerpelarnos: ¿realmente escogimos vivir bajo la ética rentista o simplemente lo aceptamos como un hecho natural? ¿Creímos que no había otra manera, no lo vimos, lo ignoramos o simplemente cerramos los ojos y lo aceptamos sin rebeldía? ¿Eran órdenes que venían desde afuera, que se transmutaron en costumbres y luego se integraron como bases de una ética o modo de vivir rentista? ¿O representaba lo opuesto a la concepción de Mises como creación de un mundo que parte del «individuo que actúa, del hombre que siente deseos, que pretende conseguir específicos objetivos, que cavila en torno a cómo alcanzar precisos fines».[30]

La pregunta es dónde dejamos nuestra libertad, nuestra capacidad de decidir, si aceptamos que el Estado, como una gran maquinaria infernal, se apodere de todo y nos imponga cómo vivir. Acaso nuestros líderes, nuestros intelectuales, no vislumbraron que se podía existir de otra manera. La más osada digresión no fue otra que la equivocada del *buen revolucionario* en su versión de aventurero romántico, *Robin Hood rojo, el Che*.

Si admitimos el poder de las ideas, tenemos que aceptar que la ética rentista forma parte de las creencias de la sociedad. Sirve de causa, justificación o pretexto para asumir una conducta propia, de individuos y sociedades que consideran que su bienestar no depende de sí mismos, sino que viene de afuera, es inmanejable, y por tanto solo tienen que aceptar, prosternarse.

Por ello, cuando planteamos caminos para la transformación, comenzamos por lo más duro, por la economía, aquello que se conecta directamente con la escasez. Esto es así porque creemos que para transformar hay que acometer en primer lugar lo material, y como consecuencia podemos esperar cambios en la subjetividad. Sin embargo, cuando un modo de vivir se asienta como rasgo cultural es porque la operación de conciencia ha actuado, asumimos que la ética rentista es nuestro modo de ser, y que depender de la distribución que ejecuta el Estado de la riqueza es nuestra manera de vivir.

Ahora bien, si la ética rentista es una dimensión subjetiva del vivir en rentismo, solo podemos entrar en la posibilidad de su transformación operando desde el corazón, desde el núcleo, desde su anidamiento como motivador conductual. La ética rentista es sólida porque arroja unos frutos conocidos, poder vivir sin esforzarse en tener un proyecto propio, es decir, con un riesgo menor o, mejor dicho, con un riesgo controlable, sin poner en marcha esa maquinaria fantástica que existe en cada ser humano, que los hace enfrentar el miedo como choque con lo desconocido, en aquellos que ignoramos cómo se comporta, de cuál material está hecho, cómo reacciona ante cualquier imprevisto, qué lo empuja a enfrentar retos, a encontrar soluciones, a inventar caminos.

Un ser humano no solo es víctima de circunstancias, sino fundamentalmente creador de realidades que se desprenden del encuentro consigo mismo. Para Victor Frankl es la perspectiva antropológica que supone al individuo como unidad de lo físico, lo psíquico y lo espiritual. Siendo esta última, la espiritual, la que da sentido a la existencia, donde se activan las nociones de responsabilidad y libertad. De allí la imperiosa necesidad de combatir el mito marxista sobre su entidad humanista, su superioridad moral, mostrándolo como una doctrina que simplemente diluye al individuo en el concepto de clases sociales, cuya razón de existencia es el enfrentamiento, la violencia, la negación de la individualidad, materializado en la terrible noción de la lucha de clases como motor de la historia.

Superar la ética rentista es atreverse a encontrarse consigo mismo y a decidir su propio camino.

*A un hombre le pueden robar todo, menos una cosa, la última de las libertades del ser humano, **la elección de su propia actitud ante cualquier tipo de circunstancias**, la elección del propio camino.*[31]

3. MITO. Los mitos fundacionales como interpretación fatalista del destino de los pueblos
vs. La construcción de sociedades libres producto de la decisión de respetar la propiedad y la libertad

En medio de estas contradicciones, vale preguntarse ¿cuál es el enigma que permanece oculto, que nos impide acercarnos a otras prioridades, donde la prosperidad y la libertad de la persona humana sean los principales propósitos?

¿Serán algunos mitos victimizadores que nos acompañan desde la fundación y formación de nuestros países y construcción de nuestras sociedades? ¿Es el peso de utopías o es la plena desconfianza en nosotros mismos? ¿Es el rechazo a la economía, al concepto de mercado, a entender que el valor de un bien depende de su escasez relativa y no de sus costos o de la cantidad de trabajo incorporada en él?, idea que indefectiblemente lleva a la aceptación de la explotación como fundante de la relación obrero- trabajador.

La ética rentista tiene un apoyo histórico como una forma de reclamo ante aquellos que supuestamente nos asaltaron cuando penetraron en nuestra quietud precolombina. Podría parecer un saldar cuentas, un ajuste histórico, un *me lo deben*.

Esas creencias nos arrancan la voluntad creadora y explican esta continua derrota de las mejores intenciones de algunos gobernantes democráticos e intelectuales progresistas, que, aunque pocos, han existido en Latinoamérica, entregando sus fuerzas, hasta sus vidas, por la libertad que aspiraban para sus pueblos. Frente a toda esta pesadumbre, debemos preguntarnos ¿existe algún camino para la libertad en Latinoamérica?, ¿qué nos separa?, ¿qué lo oculta?, ¿por qué sigue en las sombras, ajeno para la mayoría de estos países?

Los mitos de los países latinos emergen como recuentos del ostracismo, de la inútil búsqueda por exaltar valores que otorguen la ciudadanía, la sinergia, la síntesis que los identifique como sociedad. Es un hurgar en esa honda inflexión imaginaria que intenta explicar la imposibilidad de esta región del mundo para constituir sociedades de individuos libres.

La lectura de estos mitos descubre un tercer camino que subyace tras una enorme paradoja: negar las ideas fundantes de Occidente en los dos últimos siglos, y a la vez posesionarse y deslumbrarse ante las utopías que contrarían estas ideas matrices.

Rechazar visceralmente la noción de la sociedad liberal constituida a partir del individuo libre y sus búsquedas éticas, para ser presa fácil, ponerse de hinojos ante las derrotadas utopías socialistas del siglo xix. Despreciar la noción de mercado y sobrevalorar el poder del Estado, sendero que siempre permite colocar las culpas de los fracasos en otros hombres, fuera de nosotros, en el imperialismo, en el liberalismo.

Este camino tortuoso había sido previsto por Bolívar en 1810 en su Carta de Jamaica:

Toda idea relativa al porvenir de este país me parece aventurada… ¿Quién se habría atrevido a decir: tal nación será república o monarquía, ésta será pequeña, ¿aquella grande? En mi concepto, ésta es la imagen de nuestra situación. Nosotros somos un pequeño género humano; poseemos un mundo aparte, cercado por dilatados mares, nuevo en casi todas las artes y ciencias, aunque en cierto modo viejo en los usos de la sociedad civil.[32]

Quizás, en ese momento estuvieron abiertas dos opciones para los que fungían como dirigentes, unirnos a la búsqueda de Occidente por fundar nuestra libertad individual en la economía, la política, el derecho y la moral o refugiarnos entre espejismos distorsionados del pasado y visiones ilusorias de un nuevo Dorado.

Enfrentar la ruptura, construir un *Proyecto de país* o al menos, una reflexión profunda sobre el destino humano, crear los cimientos, la estructura de valores compartidos ha sido el problema no respondido. Quizás el umbral que nunca se atravesó fue la conversión de vasallos del poder colonial en ciudadanos responsables, única condición que permitiría detener la fallida búsqueda de la edad de oro que anunciaba la independencia.

Si tal como angustiosamente se pregunta ¿qué era Latinoamérica antes de 1700 y qué era para 1800, sino un archipiélago de provincias aisladas, una sociedad dividida en trozos clausurados, sin más unidad que la de pertenecer a la monarquía española, comenzando a aprender una lengua, compartir un territorio, cambiando los dioses, refugiándose en medio de la crueldad en otra religión?[33]

La sobrevaloración de los mitos fundacionales es una decisión que obviamente nos ha separado de Occidente. Los mitos son incursiones estéticas de la justificación, desde lo imaginario, sobre las fechas de fundación, teñidas de un pleno afán libertario, hasta la mitificación de héroes, raíces étnicas, la eterna recreación del despojo colonial y el mito de El Dorado.

> *Lo que subyace tras la idea de la fecha-mito es justamente la elaboración de un ser nacional amante de la libertad, pueblos guerreros indomables que no cejan un ápice de su libertad. Cuando la oscura y espesa realidad muestra todo lo contrario, fallidos intentos democráticos, facciones internas ejerciendo la violencia y masas emigrando, a las puertas de otros imperios.*[34]

Esta recreación mítica de la fuerza de estos pueblos requería también un pasado cónsono, de allí la mitificación de lo precolombino. Los esfuerzos por recuperar la historia siempre acaban en elegías al pasado, al robo de El Dorado, en inventar tradiciones como el hombre fuerte y bueno, *el buen salvaje, el buen revolucionario*, reflejo del fracaso de Hispanoamérica, de sus intelectuales y dirigentes de encontrar unas bases ciertas para la unidad y para poder construir sociedades que garanticen el bienestar. Carencia que nutre la necesidad recurrente de arroparse bajos amparos externos: déspotas militares, Estados populistas, o caudillos vendidos como hombres que profesan un profundo amor al pueblo, que tocan el corazón de sus conciudadanos para saquearlos, para extirparles el derecho a ser libres.

Será quizás esa fuerza de estos mitos baldíos, aniquiladora de la voluntad de los hispanoamericanos para construir una sociedad de individuos libres, lejos del subterfugio del despojo y la victimización, lo que nos hace tan sensibles a recaídas, tales como la posibilidad de albergar en cualquier giro de la historia, a dictadores imbuidos del derrotado comunismo y aún más, pretender engendrar herederos de esas funestas ideologías que asolaron el siglo xx.

El afincamiento de la idea de haber sido pueblos expoliados, robados, asaltados en nuestras riquezas y memoria, ha dejado una profunda cicatriz, una marca de víctimas que esperan la redención de algún intangible que corroe su inconsciente, huella que quizás explique la poderosa seducción del populismo sobre estas masas.

Bastaría solo con renunciar a la recreación interminable del pasado, dejar a los próceres en sus cabalgaduras de piedra y atreverse a ver los ojos del presente y el futuro.

4. MITO. Nuestras necesidades se convierten automáticamente en derechos
vs. Los derechos legitimados por el esfuerzo humano

Una de las constantes del pensamiento latinoamericano y causa de nuestras dificultades ha sido la profunda conversión de necesidades en derechos. Son innumerables los manifiestos, decretos, leyes que convierten las necesidades, las aspiraciones de sus ciudadanos –que solo pueden ser resueltas por el esfuerzo humano– casi con un toque mágico en derechos adquiridos, bienes o servicios a los cuales se puede acceder sin ningún esfuerzo.

En ese territorio se ubican bienes, objetos, mercancías, servicios que solo el trabajo humano puede proveer y que más valen mientras más escasos son. El pensamiento dominante en estos países ha logrado la mágica mutación, aquello cuyo acceso es fruto del ingenio, del esfuerzo y de su disponibilidad, se convierte en algo que debe ser obtenido de forma natural. Así vemos en muchos países que sus ciudadanos tienen el derecho a tener una vivienda, que se han promulgado leyes para garantizar tal derecho, pero en ninguna parte se cuestiona si la vivienda es un bien que requiere una inversión, un esfuerzo, que tiene un costo, o se pregunta al menos, de dónde saldrá la energía y recursos que solucionarán este problema. Cómo subsiste la idea de que los latinoamericanos hemos sido despojados, solo se trata de repartir lo que se ha arrebatado, el único inconveniente en este camino es que los aspirados bienes no existen, habría que crearlos y por ello la pobreza crece sin límites, se expande en espera del retorno de la riqueza robada.

Ante esta disyuntiva, la alternativa que proponen los partidos políticos latinoamericanos es la de asumir la redistribución como gran tarea nacional, es otorgarles a los más necesitados aquello que los más favorecidos han obtenido, creado, producido o adquirido.

El latinoamericano no insiste, no se esfuerza en poner algo más en la realidad, sino en mirar cómo se ha despojado a aquellos que nunca han tenido tanto o solo nada. Muchos Robin Hood nacen en Latinoamérica, capaces de desarrollar vastos liderazgos, difundiendo la idea de que en estos territorios se trata de resolver una gran expropiación y no de organizarse, aprender, emprender para fabricar aquello que podemos tener. En este plano ha sido miserable la mirada sobre los restos de civilizaciones autóctonas, paralizadas por el mito del despojo, inmovilizadas ante un presente visto solo como el resultado de la felonía.

Por supuesto que los encadenamientos ocurren, si la historia es la de un gran despojo, solo faltará la aparición de algún vengador errante que sea capaz de devolver las cosas a sus propietarios originales. La única verdad escamoteada es que estas inmensas masas pobres nunca han tenido tesoros, no ha existido un Jauja escondido en alguna parte. Lo que sí es cierto es que muchos han tenido oro, o petróleo, bajo los pies y no convertido en verdadera riqueza.

Una nueva lectura del mito de El Dorado —provechosa esta vez— sería el comprender este ámbito onírico como la negación de la existencia de la economía como territorio de la escasez. Ahora bien, si no aceptamos la escasez, mucho más lejana se ubica la idea del mercado, visto de una forma más amplia y no solo como el lugar en el que se juntan la oferta y la demanda. No solo como un lugar físico, sino como un concepto más abstracto hasta concebirse como un mecanismo de coordinación de las intenciones independientes de compradores y vendedores. Coordinación que se produce por medio del mercado, que no se debe a ninguna planificación centralizada, como es el caso de los países comunistas. Además, puede definirse el mercado con justeza como uno de los ámbitos donde los ciudadanos cohabitan, se relacionan, despliegan sus habilidades, participan en la creación de riquezas y en la incansable búsqueda de los ingresos imprescindibles para vivir.

Allí se cruzan, intervienen, influyen, todos aquellos rasgos que constituyen la especificidad de cualquier sociedad: el nivel educativo de la población, la situación demográfica, el desarrollo tecnológico, el acatamiento de la normativa jurídica, la existencia y el manejo de los recursos naturales, la vocación económica, la participación política, la orientación ideológica de los que regulan y son regulados y la existencia de una paz social firme y duradera.

En las reglas que rigen el mercado en cualquier sociedad, se refleja nítidamente la calidad de la democracia, el valor de la educación, el peso de las leyes, la libertad económica y, sobre todo, los valores morales de los individuos que allí conviven.

En latinoamericana aún tenemos una visión miserable del mercado:

(…) donde vamos a comprar las cosas que necesitamos, el lugar en donde se nos roba, en donde el precio que se le asigna a la mercancía incluye ya el valor de ganancia con el que se beneficiará el fabricante o el mercader con la mercancía fabricada o manufacturada por una clase obrera que no viene al mercado a vender lo que hace.[35]

5. **MITO.** Los populismos acechantes son respuesta
a las necesidades básicas de la población
vs. La definición de una estrategia de crecimiento
económico respaldada por la prioridad del desarrollo
de las capacidades humanas

La indiferencia de los partidos políticos latinoamericanos ante la ruptura entre el esfuerzo y el logro es notable cuando examinamos la tesis del PRI en México, el peronismo en Argentina, los conservadores en Colombia y los liderazgos en los distintos países de Centroamérica donde encontraremos que la propiedad privada no es relevante y que el poder del Estado no tiene límites.

Detrás de cualquier ensayo de libertad y democracia se agazapan los colmillos del populismo. Una idea y un modo de gobernar que exige la entrega de la conciencia a cambio de pan, o también una triquiñuela sangrienta para recrear la esperanza de que El Dorado está al alcance de la mano, y solo basta ceder la voluntad y el poder para alcanzarlo.

Con el populismo, los mitos castradores se revuelven, se aposentan en el espíritu, circunstancia que no es medible solo por la imposibilidad de plasmar su concepto técnico: el populismo no significa democracia incompetente, sino más bien la imposibilidad de encontrar el camino democrático, fundado en el poder de caudillos, en sustitución de las personas, los ciudadanos.

El populismo opone permanentemente al hacer ciudadano el favor caudillista, siempre arbitrario, irrespetuoso ante la voluntad de los otros. Quizás, la puerta de entrada del populismo latinoamericano es el enraizamiento en nuestras conciencia de los mitos del paraíso perdido, del arrebato del oro y de todas nuestras riquezas naturales, de la negación de la existencia de la economía y del mercado, lo que impide concentrarse en la infinita capacidad que podríamos alcanzar si nos devolvemos a mirarnos a nosotros mismos, en lugar de esperar un mesías a caballo o en tanque de guerra, que venga a liberarnos de nuestro fracaso y nos devuelva a un mítico paraíso que nunca existió.

América Latina ha sido asolada por populistas que valiéndose de su poder carismático han destruido las bases de la economía y las leyes, se han apoderado de la palabra para construir sus verdades,

*han dilapidado los escasos recursos fiscales de estos míseros países
convirtiendo a las personas en pedigüeños, todo alimentado por
la idea de que se trata de devolver las riquezas expropiadas por
imperios genocidas, por algún enemigo exterior o por los sempiternos
y manoseados enemigos de clase.*[36]

Este retorno al populismo ha sido una fisura permanente para alcanzar la libertad, el respeto, la responsabilidad y todas las condiciones que rodean el advenimiento de personas autónomas, conscientes del poder de su voluntad, y de la relación que existe entre su vida, su sociedad y la asunción de la existencia personal y colectiva, como la gran oportunidad de gestar un mundo distinto, jalado por las aspiraciones y no por tramposas respuestas a presuntos enemigos, que la mayoría de las veces solo existen en el inconsciente colectivo.

6. MITO. Los subsidios resuelven la pobreza
vs. El desarrollo de capacidades de los individuos como
alta prioridad y respuesta a las aspiraciones humanas

Es notorio que los grupos que logran superar la pobreza no han estado concentrados obsesivamente en la satisfacción de sus necesidades básicas. Persiguen metas más trascendentes: ser respetados, obtener reconocimiento para su trabajo, ser identificados por su nombre propio, poder aprender y muchas otras que se mueven en un plano subjetivo.

Pero muchos gobiernos latinoamericanos insisten en imponer programas para pobres, para satisfacer necesidades básicas insatisfechas. Es una conspiración gubernamental, clientelar, cuyo fin es mantener las masas controladas, ofreciendo subsidios en lugar de empleos, servicios de educación y salud mediocres, obstaculizando el derecho a la propiedad y al emprendimiento. Gente confinada a depositar todas sus esperanzas en un protector externo, que desde afuera vigile para que coman y duerman, sin dejar de ser pobres.

Los gobiernos que toman este camino lo hacen con base en la creencia de que los pobres son seres explotados, sin imaginación creativa, incapaces de aspirar a la autonomía personal y económica, dominados por sus necesidades básicas. No creen en la gente sino en sus recetas o ideologías.

Muchos se han ocupado del problema de la pobreza, mencionemos solo a cuatro. Amartya Sen considera que reducir los grupos humanos en situación de pobreza requiere la devolución de la libertad y capacidad de determinación. Gary Becker demuestra que ningún país ha logrado bienestar y crecimiento económico sostenido sin inversiones importantes en capital humano y acceso a la información. Hernando de Soto denuncia la extra-legalidad que impera en el mundo informal que impide la capitalización de los bienes y servicios creados por los pobres y propone la legalización de los caminos informales para crear riqueza. Muhammad Yunus plantea que la pobreza se perpetúa porque se deja a los pobres fuera de la economía. Crea en su país un revolucionario sistema de préstamos para sacar a la gente de la pobreza.

Todos estos pensadores han tenido razón, globalmente reproducen lo que podría llamarse los códigos de la clase media, aunque quizás hay un pequeño pero trascendental aspecto imprescindible de resaltar: los pobres son portadores de voluntad, de poder de decisión, de aspiraciones y expectativas, aunque estén aplastados por el peso de sus necesidades básicas.

El camino hoy parece mucho más claro, apelar a la voluntad humana, a la atracción que puede representar el poder penetrar por alguna rendija en la clase media, con todos sus atributos y valores: mejor educación, propiedad legalizada, acceso al financiamiento, autonomía personal, poder de decisión económica y confianza en el aprendizaje y el emprendimiento, es decir, como ciudadanos libres capaces de lograr una indetenible realización personal.

Nuestros gobiernos hacen todo lo contrario, promueven la lucha de clases, sin declararlo, atacan a los sectores medios, roban la voluntad y energía a las personas para emprender el camino de su mejoramiento. Sustituyen empleos y créditos por subsidios y al mismo tiempo desmejoran la calidad de los servicios de educación y salud: prometen viviendas sin título de propiedad, en vez de alentar la mejora de sus ingresos para que los ciudadanos puedan optar libremente.

Quizás la fórmula es más sencilla: respeto a las personas, a su libertad y derechos. Cese a las proclamas de guerra contra la clase media y valoración de su capacidad de modelaje social; este es, de seguro, el mejor camino contra la pobreza. Además de cumplir lo que dicen Sen, Becker, De Soto y Yunus, es decir, con los requerimientos y valores de la clase media.

7. MITO. La lucha de clases es el motor de la historia
vs. Solo el acuerdo en torno a un proyecto de sociedad
compartido e incluyente puede cambiar el destino
de un país

Superar la ética rentista implica abandonar el conformismo, el rechazo al reparto tradicional e histórico de los roles. Yo mando-tú obedeces; yo me enriquezco-tú sobrevives. Esta posibilidad aparece cuando las personas se apropian de la convicción de que el juego está en sus manos, que ser libres es su responsabilidad. Personas con el valor de apartar ese destructivo argumento del *Manifiesto comunista*:

Toda la historia de la sociedad humana, hasta la actualidad, es una historia de luchas de clases. Libres y esclavos, patricios y plebeyos, barones y siervos de la gleba, maestros y oficiales; en una palabra, opresores y oprimidos, frente a frente siempre, empeñados en una lucha ininterrumpida, velada unas veces, y otra franca y abierta, en una lucha que conduce en cada etapa a la transformación revolucionaria de todo el régimen social o al exterminio de ambas clases beligerantes.[37]

El concepto de lucha de clase se amalgama con otra idea clave, la negación de la economía como fundante de la relación social. Si la escasez no tiene poder para explicar el valor de los bienes, si solo se trata de un despojo, las relaciones al interior de los talleres de trabajo, en las empresas siempre serán concebidas como relaciones de explotación, de extorsión de plusvalía y de la sangre y sudor de los trabajadores. En esta visión, la ganancia de un empresario siempre será vista como ilegítima, siempre será producto de un robo. Una apropiación indebida.

El primer gran triunfo manifiesto en una América Latina que ha emprendido el camino del progreso ha sido retorcer el convencimiento de muchos de que la lucha de clases era el motor de la historia, argumento que ha desangrado a América Latina y a muchas otras regiones pobres del mundo. La permanente búsqueda de la redención de los excluidos se ha hundido durante mucho tiempo en una terrible trampa, creer que el aliento para trascender ese sentido de exclusión, marginalidad y dependencia podía ser la destrucción del otro, porque el otro es un asaltante, es quien despoja.

En este camino comenzó a fabricarse la barrera de la lucha de clases frente a la convivencia y la colaboración. El designio fue y aún es, en algunas partes, hundir los fierros de las clases, separadas por la idea de explotación, en un proceso inacabable de destrucción. De la miseria solo podía brotar si el enemigo era destruido. Sin embargo, al insurgir la clase media, se trascienden los esquemas ideológicos de confrontación entre explotados y explotadores, entre víctimas y culpables, al convertirse en la principal prueba histórica de que la lucha de clases como camino para la superación de los modelos sociales no pasa de ser una superchería.

Hoy puede darse fe de que la mejor prueba de la derrota de la pobreza es una clase media en expansión. Este sector está formado por expobres y no por exricos, gente que, en su mejor expresión, ostenta una arraigada bitácora de valores: respeto a la propiedad, a las leyes, a los derechos humanos, a la libertad económica y, sobre todo, voluntad de decidir sobre su proyecto de vida.

Este ascenso es posible cuando los países creen o en alguna medida son capaces de abrir pequeños intersticios por donde penetre la libertad, la capacidad de aprender y emprender.

El gran instrumento en estos controversiales procesos es la fortaleza del espíritu emprendedor, la tenacidad en la persecución de objetivos, la emulación de los que han dejado de ser pobres por su esfuerzo. Detrás de cada pequeño negocio informal, está la apuesta por un cambio de vida, por un logro de autonomía económica como único garante del futuro.

UN CAMINO PARA SUPERAR LOS MITOS DE LA ÉTICA RENTISTA

Quizás, la mayor pérdida humana que provoca la ética rentista es la anulación del poder transformador del individuo, la confianza en sí mismo, la capacidad creadora en relación con los otros y con la sociedad y el poder moral de tomar decisiones. Si no transformas, no creas, no decides, no te responsabilizas, tu proyecto de vida nunca logra existir. Eres el producto de decisiones externas, de la voluntad de otros, eres la manifestación del poder de subordinación que tienen fuerzas externas. Simplemente no eres libre.

El socialismo ha logrado penetrar en la conciencia de las masas porque hace un trabajo, profundo y sin descanso. Emplea todas las técnicas y métodos para acertar en las debilidades y temores humanos, el miedo al hambre, a la soledad, al abandono institucional. En esta lucha, logra dibujar un mundo desconocido, amenazante, plagado de peligros.

La ética rentista refleja conceptualmente al individuo que sustenta la ideología marxista, niega la responsabilidad propia al creer que si al individuo se le deja operar en libertad, será indefectiblemente un instrumento de su propia destrucción, un explotador del otro, un especulador de la miseria ajena.

Es imprescindible reconocer que los regímenes socialistas que han llegado al poder han dedicado grandes esfuerzos a imponer lo que Gramsci llamó *hegemonía cultural*, para que las masas acepten su carácter obediente y por esta vía, la imposición de los dogmas fundamentales del marxismo.

Los totalitarismos pueden ser sutiles en la búsqueda de sus objetivos, el primero de los cuales es impedir la libertad. Ocultan la verdadera naturaleza de sus controles bajo objetivos humanitarios, que les permitan ejercer un control total sobre las interpretaciones de la realidad que pueda desarrollar la sociedad, los individuos y los grupos que aspiran a actuar con libertad.

La propuesta de hegemonía cultural, surgida de los planteamientos del comunista italiano Antonio Gramsci, corresponde a la idea de que el comunismo será posible si se logra establecer una penetración y apoderamiento de las instituciones culturales que, según su perspectiva, controlan la visión y la conciencia de los ciudadanos. Intervención que, de acuerdo a Gramsci, se movería o desplegaría en el plano subjetivo, no como invocación y utilización de la violencia y la represión física, sino todo lo contrario, como una vía de seducción masiva, de apoderamiento de la mente y de los sueños de los ciudadanos que podrían encontrar en esta operación una alternativa mejor a la sociedad en la cual conviven.

La valorización de la emersión de la clase media portadora de libertades

Sin pretender ahondar en explicaciones que vayan a las raíces, es posible asegurar que mientras la pobreza persista como la gran herida que afea el rostro de América Latina, donde se reconozca la ética de bondad de la pobreza, la libertad estará en peligro, las instituciones tendrán un talón de Aquiles, los proyectos afincados solitariamente en el crecimiento económico afrontarán el peligro de retorno al populismo, a las dictaduras y al comunismo.

Sin embargo, en la última década pareciera alumbrarse una luz en este dificultoso camino, es casi un descubrimiento para los investigadores latinoamericanos, que quizás no ha sido notado por su obviedad, se constata la poderosa relación entre la existencia de una minoritaria aunque briosa clase media, y la posibilidad de emprender el camino de un crecimiento económico a largo plazo, que posibilite una derrota de esa secular pobreza que permanece en los huesos y en la carne de los países de esa región, y sobre todo que asegure la permanencia y fortaleza de la libertad de sus ciudadanos y de sus instituciones democráticas.

En países como Chile, Brasil, Uruguay y México, a pesar de crisis coyunturales como la de 2009, más de la mitad de la población ostenta niveles de vida y capacidad de consumo equiparables con las clases medias de sociedades mucho más desarrolladas. Sociedades que muestran desde una perspectiva pragmática que la existencia y el crecimiento de una pujante clase media es el mejor aliciente para abrir nuevos mercados, nuevas empresas y una mayor movilidad social a través de la educación y la libertad para el emprendimiento.

Pero quizás lo más trascendente ha sido descubrir, tanto en América Latina como en otros sitios remotos, que la clase media es el mejor garante de la libertad humana. La hipótesis señala que este sector se ha convertido gradualmente en el más poderoso sujeto social para oponerse a determinismos de cualquier naturaleza: históricos, étnicos, religiosos, ideológicos, caudillismos. Además, la clase media es la más contundente prueba del fracaso de la lucha de clases como motor de la historia, tal como postulan los creyentes del socialismo y del marxismo, tesis tan prendida en el corazón de intelectuales y sectores populares latinoamericanos.

La pregunta inmediata que tendríamos que encarar o descifrar es de dónde viene, cómo ve la luz, qué hace posible la existencia de una clase media que asuma esa tarea de derrotar la pobreza y crear un mundo que muchos han creído inalcanzable.

En un acercamiento ortodoxo podríamos decir que la clase media es un parto inesperado en sociedades profundamente escindidas, donde la sociedad se alinea como batallones que rudamente comparten pocos frutos. La clase media surge por los intersticios de esta dualidad, se alimenta de las migajas hasta adquirir la fuerza que la hace irrumpir en el eterno debate entre poseedores y desposeídos. ¿Pero qué la hace posible? o ¿cómo puede empinarse un trabajador manual de sus faenas repetitivas a imaginar algo distinto? ¿Cómo avanzar desde el fantaseo y la imaginación de un mundo mejor a la persecución activa de esa realidad?

Pareciera que esta posibilidad se fundamenta en la apropiación no de los mentados bienes de producción, no en el poder guerrero-militar de alguna casta, ni en la fuerza bruta capaz de ejercer el control abusivo de los otros, sino en la apertura de la imaginación, de la posibilidad concreta, aunque parezca una imposibilidad de no solo imaginar un mundo distinto, sino de ser creativos o, mejor dicho, de crearlo. La clase media abre la posibilidad de crear su proyecto y responsabilizarse con él, como único seguro para la supervivencia.

Ser clase media en Latinoamérica es un proyecto que en sí genera un cambio en la relación con la humanidad, porque su poder no viene del ejercicio de la fuerza y por ello niega el abuso e impone el respeto, el respeto al otro y a su proyecto que puede parecerse, o ser distinto al propio. Un proyecto del otro que reconoce la diferencia y la riqueza que produce la convivencia de las diferencias, la heterogeneidad como sustancial al ser humano y que, por ello, es un cambio en la relación con el otro, es decir, en nuestra dimensión ética.

La responsabilidad de la clase media es en un primer momento con el propio proyecto, con el presente y el futuro y con el respeto del pasado. Esta necesidad involucra la vigilia permanente de las rutas, los objetivos, las conductas y la fidelidad a los valores. Su surgimiento como clase está apostado en la toma del poder de la imaginación del individuo, en el despliegue hasta el infinito de su capacidad creativa, en el fluir interno de la posibilidad de agregar, de poner en la realidad algo que no estaba dado.

La clase media es el batallón de nuevas personas que se sacuden las convenciones y son capaces de albergar algo que solo los humanos podemos engendrar: la postulación de un proyecto para su propia vida. Es de allí de donde viene la fuerza de la clase media, de su capacidad de contrastar el pasado con futuro, en el cual se puede ser un creador activo. Por ello la frontera que cruza la clase media es la antisujeción contra todo determinismo.

Pero ¿cómo puede dibujarse este camino en la realidad?; evidentemente, la génesis de la clase media en su esencia se nutre de los restos del pescado, como diría Patrick Suskind en *El perfume*, proceso de nutrición que genera una metamorfosis capaz de encender lo más poderoso de cualquier humano.

La clase media comienza a surgir de lo que no se consume en el hogar y se invierte en la educación, del acceso a la información que muestra en las humildes casas la boda del heredero de la corona inglesa, que permite fisgonear en los deslumbrantes trajes de los poderosos, en sus modales, maneras y hasta en su comida. Como poéticamente nos dice Ernesto Cardenal en su *Oración por Marilyn Monroe* «la recepción en la mansión del Duque y la Duquesa de Windsor vistos en la salita del apartamento miserable». Estas miradas, esta escuela, se convierten en un desafío para cualquier joven que mira agazapado en un rincón la fastuosidad, como si viniera de otro mundo, pero que reconoce, y este es el gran salto, que está sucediendo en su propio mundo, no en el más allá inalcanzable, que si está aquí es humanamente posible tocarlo, penetrarlo, vivirlo. Solo de allí puede brotar la clase media, de la conciencia de que puedo ser lo que imagino que puedo ser. La vida y la historia muestran que el camino predominante no ha sido la gestación del *buen revolucionario*, por el contrario, es la emersión de nuevos sectores educados, aspiracionales y emprendedores, la verdadera clave para el futuro de nuestros países.

Es entonces lo que ha aprendido este *pequeño género humano,* como decía Bolívar, que podía conformarse a sobrevivir manteniéndose en espacios rudimentarios, en conjunción y sujeción con los designios naturales, a la ira de los elementos o a sus bondades. O, por el contrario, ver el mundo y su orden aparente como un desafío. Una posibilidad de construir y reconstruirse.

Reconocer y enfrentar el peso de la hegemonía cultural del socialismo

La responsabilidad de las decisiones depende solo de información, la razón o también de los valores, la cultura, las emociones.

Un individuo responsable no puede ser tal si no logra arrancar, aunque sea a dentelladas, el dominio de su territorio de reproducción. Individuos que no son amos ni esclavos, que solo tienen poder sobre sí mismos, que no tienen la posibilidad de ejercer su voluntad de poder sin limitaciones.

La otra gran muralla que pretendió erigirse en el camino hacia la libertad es **la irresponsabilidad colectiva** que conducía ineluctablemente a la atribución de todas nuestras infelicidades a un ente externo, a otro fuera de nosotros. En la atmósfera reinaban estas dos grandes razones o instrumentos. La primera, la clara visión de un enemigo de clase, es decir, aquel que me explota, exprime la plusvalía, que extrae lo que tengo a su favor, y un segundo jinete del apocalipsis, que no es otro que la dependencia de lo que esta fuera de mí mismo. El renombrado *locus de control externo.*[38]

Por esta senda, las oportunidades de designar enemigos y culpables está completamente despejada. Si creo que nací en un país rico, si todas mis necesidades son derechos y deben ser satisfechos de forma automática, entonces algún culpable se interpone en el camino, impidiendo que logre lo que son mis derechos. En algún ente se aloja la imposibilidad de lograr lo que me corresponde, que está fuera de mí, de lo cual no soy responsable. Esto conduce irremediablemente a la conciencia del despojo, a la idea de la venganza. El proceso político sería algo como ajustar cuentas con los culpables y una justificación de la irresponsabilidad colectiva, el despego total de la idea de que la vida la define el ser humano que actúa.

Revalorización del emprendimiento y del empresario

Según Israel Kirzner, el verdadero empresario es el que descubre la necesidad de los demás, por ello en la transformación y modernización que debe acometer la sociedad venezolana es imprescindible el reconocimiento del valor social del empresario como anticipador de procesos, promotor del espíritu emprendedor, creador de empleos, riquezas y bienestar. Es un creador de mercado más que un productor, procesador o distribuidor.

Es imposible avanzar a un mayor crecimiento económico sin la participación del sector empresarial como promotor y actor fundamental del proceso. Como lo revelan las sociedades más avanzadas del mundo, transformar el país requiere una definición y ejercicio del liderazgo empresarial. Sin embargo, diversos estudios evidencian que la imagen del empresariado como líder económico y cultural está poderosamente afectada por la ideología estatista que ha caracterizado la política venezolana. Esta condición se ha visto reforzada por la estrategia comunicacional del régimen contra el empresariado, al cual culpabilizan por las fallas derivadas de su política económica, y por supuestamente ejercer una acción deliberada contra la sociedad en la llamada *guerra económica*. Además, ha existido la tendencia a imponer una versión de la prédica marxista sobre la lucha de clases como motor del cambio social, con la pretensión de enfrentar a empresarios con trabajadores.

Venezuela atraviesa hoy día una de sus mayores crisis económicas, sociales, políticas e institucionales. La ciudadanía debe comprender que su origen está asociado a un modelo económico y político errado, fracasado, que demanda un profundo cambio.

La única posibilidad de paz y crecimiento económico se basa en la garantía de la propiedad privada, en el reconocimiento de la responsabilidad individual como poder fundante, en el mercado como ámbito de realización económica, en la integración del mercado de trabajo como espacio de oportunidades, crecimiento económico y bienestar para todos los ciudadanos. Para alcanzar estas metas es ineludible que el empresariado venezolano ocupe el rol y el liderazgo que le corresponde en la construcción de una sociedad de consensos y objetivos compartidos entre el Estado, la sociedad y sus principales actores económicos y sociales.

Frente a un Estado centralista y autoritario es necesario cohesionarse, definir objetivos y acciones de consenso que contribuyan a la construcción de confianza, al inicio de la reinstitucionalización del país y al fortalecimiento de una sociedad libre y democrática.

La articulación de los gremios empresariales, los actores políticos, la sociedad civil, los sindicatos, la academia, los jóvenes, los líderes comunitarios, que favorezcan la creación de consensos ciudadanos, es vital para la superación de la crisis y la construcción de futuro.

Es fundamental superar la imagen de un empresariado separado del destino del país. En el ámbito local se necesita generar espacios de encuentro y tejer redes con actores clave que faciliten el diálogo y la articulación de los diversos intereses, expectativas, aspiraciones e iniciativas de cambio. Se trata de diseñar y realizar un plan de acción que permita progresar en el objetivo de mejorar la valoración del empresario, la función empresarial y afianzar su legitimación social con base en acciones que aporten al desarrollo local.

Es imprescindible generar espacios de comunicación y articulación entre empresarios y distintos actores sociales, que contribuya a la construcción de una nueva imagen cultural del empresario y de la empresa como líderes de la transformación y desarrollo en Venezuela, evidenciando el aporte de la empresa al desarrollo y a la promoción de nuevos emprendimientos.

EL GRAN SALTO CULTURAL: TRASCENDER LA ÉTICA RENTISTA POR UNA ÉTICA DEL TRABAJO Y EL EMPRENDIMIENTO

Avanzar en la búsqueda de un país libre es un camino opuesto a la imposición de visiones utópicas, mitos generalmente desprendidos del marxismo. La idea es asegurar las libertades, eliminar los regímenes dictatoriales, enfrentar la corrupción derivada de la concentración abusiva del poder. Influir en la toma de decisiones que garanticen la atención a los más vulnerables. Con estas consignas América Latina se ha visto ocupada por infinitos grupos de organizaciones ciudadanas, que realizan labores cuya finalidad última es reconducir la atención hacia los problemas centrales de la sociedad que pudieran ser omitidos por regímenes ensimismados en la imposición de modalidades políticas o en la concentración del poder.

La ruta del cambio solo puede ser altruista, como el nuevo determinismo que en lugar de justificar la dependencia y la exclusión nos permita avanzar hacia la libertad. Vía que a su vez permita articular las piezas que signan la sencilla complejidad de la realidad latinoamericana. Una terca realidad que rechaza la extemporánea e inverosímil imposición del comunismo.

Tal parece que la gran ganancia de estas últimas décadas empieza a hacerse evidente en el fundamento del altruismo como *ser* del nuevo proyecto de sociedad. Muchos latinoamericanos angustiados por la imposibilidad de alcanzar la libertad han convertido en una obligación y sentido de vida el adentrarse, recorrer, ahondar en los vastos territorios de conciencia e infraconciencia de nuestros pueblos, empeñados en el retorno a utopías colectivistas, periplo subjetivo que parte siempre con la consigna moral de redimir a los más débiles, a los necesitados. Quizás la más atractiva ilusión para nuestros espíritus ávidos de superar la mala conciencia que se puede derivar del hartazgo consumista.

Este camino, al igual que una enfermedad terminal, pretendió ocupar todos los intersticios de nuestra mente, nuestro espíritu y nuestra sociedad. Sin embargo, el resultado ha sido asombroso, del intento de dominación ideológica y política han brotado los anticuerpos más poderosos de nuestra historia que se está imponiendo indeteniblemente cargada de altruismo, la otra cara de la moneda, como senda para la reconstrucción del país. Altruismo entendido como un comportamiento que aumenta las probabilidades de supervivencia de otros a la par del enriquecimiento de nuestra propia vida, altruismo entendido como la preocupación o atención desinteresada por el otro o los otros, al contrario del egocentrismo acaparador. Sentimiento altruista de hacer el bien a los demás, como gran misión de nuestras existencias.

De allí nacen las preguntas que se formulan estudiantes, trabajadores, agremiados en muchas partes de Latinoamérica y en otras del Medio Oriente: ¿y si nos unimos para derribar dictadores, sacar presos políticos de las cárceles y apostamos hasta el final?, ¿o si impedimos que el Estado se apropie de las empresas de los ciudadanos? Si en lugar de atacar al empresario nos aliamos en defensa de nuestros empleos, nuestros trabajos, si arrebatamos al Estado-patrón el poder de dignificar nuestra profesión, nuestros salarios. Y, si asumimos nuestras vidas usando para ello nuestra propia voluntad y conciencia en lugar de dejarnos aplastar por esas viejas y deshilachadas banderas del marxismo, de la mala conciencia, que nos deja en el miserable papel de víctimas sin voluntad, sin poder para decidir o escoger.

Una posición que crece de forma indetenible y que otorga los cimientos de lo que llamamos nuevos *Proyectos de país*. Proyectos que surgen frente a la áspera pregunta o acusación ¿por qué no han sido los demócratas latinoamericanos capaces de gestar un proyecto de sociedad liberadora de la fuerza del individuo?, o por qué no existe ninguna propuesta alternativa que permita vislumbrar el final del camino. Y, aún peor, la acusación sobre los que se oponen al comunismo como carentes de un proyecto de sociedad.

Pregunta cargada de una enorme injusticia, en primer lugar, porque oponerse al comunismo ya configura la libertad como alternativa. Acusación injusta, además, porque el proyecto de sociedad se ha ido construyendo en el fragor de la lucha, en el rechazo a la destrucción. Si no se acepta el comunismo es porque se anidan otras esperanzas. Cada día es más evidente que los valores del colectivismo no han sido transferidos, la oportunidad para la imposición del viejo socialismo decrece lenta e inexorablemente.

En lo más recóndito del alma de los que han creído en la promesa de revolución persiste una batalla campal entre la fidelidad a unas promesas traicionadas históricamente y el terror de sentir que no hay nada en que creer. El miedo a un futuro incierto plagado de angustiosas preguntas. ¿Será cierto que el capitalismo es el mal, que los empresarios no tienen salvación por su egoísmo? Una duda ronda en las mentes: pero, si todos los países socialistas-comunistas se han derrumbado, si la gente huye despavorida de ellos, ¿podrá ser distinto aquí?, estas son preguntas de todos los días.

Esta negación por someterse a los argumentos de las llamadas revoluciones no puede respaldarse solo en la búsqueda de una mejor razón técnica. No es porque los socialismos reales no hayan sido eficientes, o improductivos. No se trata solo de proponer una mejor razón técnica, lo que está en juego es el giro cartesiano desde la destrucción al altruismo, aquello que nos permita soñar con un mundo mejor. Por tanto, no son solo políticas públicas, programas, construcciones, acueductos, carreteras, que, si bien son imprescindibles, también un dictador puede hacerlo, como ya hemos visto en el pasado.

Se trata, simplemente, de tomar una gran decisión: solo derrotaremos la violencia con la paz y el respeto al otro, la pobreza solo se desvanece con la superación de cada uno y de todos, el esclavismo del reconcomio desaparece cuando sentimos que *el otro* no es nuestro enemigo o solamente un miserable explotador.

Los movimientos sociales que luchan en muchas partes del mundo por la libertad son expresiones de una sociedad y de individuos más educados, informados, conscientes de la necesidad de las leyes y de la justicia para garantizar la libertad, ubicados tercamente en defensa de los valores.

Ellos configuran la potencial unión, concertación o alianza, como queramos llamarla, en torno a la imposición de la democracia. Dinámica de reclamo que se ha conformado lenta y progresivamente como el gran muro de contención ante la pretensión de revivir el comunismo en estos territorios

Hoy vemos emerger los fragmentos del más poderoso movimiento social con que ha contado Suramérica en el último siglo, que no son montoneras o militares como en el siglo xix y xx, sino ciudadanos de todas las edades y rincones, conscientes de que la democracia no es un regalo sino el producto de un inmenso y responsable esfuerzo de los ciudadanos en pos de la libertad.

El corazón del proyecto de sociedad, fundamento de la unidad, solo puede ser un poderoso intangible: el altruismo, es decir, poner toda la voluntad personal y colectiva para detener la matanza, la corrupción con los fondos públicos −como muestra del peor egoísmo−, regenerar a los que asesinan o a los que están en cárceles condenados a no ser redimidos, detener el odio hacia el otro, al que se ha esforzado para superarse, negando así nuestras capacidades creativas y lo más valioso que tenemos, nuestra libertad para decidir por el bien y la libertad altruistamente. En y desde el altruismo podemos aspirar a un mundo donde convivamos y reinen el respeto, la inclusión y las oportunidades para todos.

SUPERACIÓN DE LA ÉTICA RENTISTA
Valorización de la clase media
Desarrollar capacidades. Proyecto de vida
Enfrentar hegemonía cultural socialista
Responsabilidad individual
Revalorizar emprendimiento y empresarios
Consenso trabajador-empresario
Cultura de ética del trabajo
Logros producto del esfuerzo

NOTAS

26. https://www.infobae.com/
america/america-latina/2019/11/06/
el-bid-advirtio-que-la-desigualdad-
obstaculiza-el-crecimiento-de-las-
economias-latinoamericanas/

27. Fromm, Erich. Marx y su concepto
de hombre. https://werkenrojo.cl/
marx-y-su-concepto-de-hombre-
erich-fromm/

28. Heiddeger y la cuestión del ser.
file:///C:/Users/isaper/Downloads/
Dialnet-HeideggerYLaCuestion-
DelSer-1253483.pdf

29. Nussbaum, Martha http://www.
ieturolenses.org/revista_turia/index.
php/actualidad_turia/martha-nuss-
baum-las-capacidades-humanas-y-
la-vida-buena

30. Rothbard, Murray. *Lo esencial
de Ludwig von Mises.* Unión Editorial,
1985.

31. Frankl, Victor. *En busca del sentido
de la vida.* Amazon, Paperback, 2004.

32. Bolívar, Simón. *Escritos fundamentales.* Caracas, Venezuela. Monte
Ávila Editores.1998.

33. Dávila, Luis Ricardo. *Momentos
fundacionales del imaginario democrático venezolano.* Venezuela. Universidad de los Andes, en Carrera Damas,
Germán. Consultado en: scribd.com/
document/397138185/Los-Momen-
tos-Fundacionales-Del-Imaginari-pdf

34. Leal Curiel, Carol. El 19 de
abril de 1810: «La mascarada de
Fernando» como fecha fundacional
de la independencia de Venezuela.
Caracas, Venezuela. Universidad
Simón Bolívar en: Carreras Damas
German *et al.*

35. Bracho, Raúl. ¿Mercado capitalista
o socialista? Aporrea.org. 2010.

36. Krauze, Enrique. «Decálogo del
populismo latinoamericano». *El País,*
2005.

37. Marx, Karl y Friedrich Engels.
Manifiesto del Partido Comunista.
1848, Amazon, Paperback, 2004.

38. Rotter, J.B. Aprendizaje social y
psicología clínica. 1972. Consultado
en: https://psicologiayempresa.com/
biografia-y-teoria-de-julian-rotter.
html

IV.
ELDORADO ESTÁ DENTRO DE NOSOTROS

LA BÚSQUEDA DE ELDORADO[39]

Quizás podríamos comenzar la búsqueda de la superación de lo que hemos denominado la ética rentista recordando el poema de Poe, *El hombre que cree en Eldorado*,[40] que dedica su vida a buscarlo, y al final, solo descubre una respuesta: *Eldorado se encuentra en el fondo del valle de las sombras.*

Pienso que ese valle de las sombras no es más que nuestra interioridad dedicada a buscar inútilmente una solución mágica, que renuncia a afrontar el reto de existir, vivir y crear, desde el fuero interno de nuestra propia voluntad. Es el arroparse con los mitos y excusas que pueblan nuestras cavernas y nos impiden encender la luz de la voluntad de poder que contiene cada ser humano.

Eldorado

EDGAR ALLAN POE

Brillantemente ataviado,
un galante caballero,
viajó largo tiempo
al sol y a la sombra,
cantando su canción,
a la busca del Eldorado.

Pero llegó a viejo,
el animoso caballero,
y sobre su corazón

cayó la noche
porque en ninguna parte encontró
la tierra del Eldorado.

Y al fin, cuando le faltaron
las fuerzas, pudo hallar
una sombra peregrina.
–Sombra –le preguntó–
¿dónde podría estar
esa tierra de Eldorado?

–Más allá de las montañas
de la Luna, en el fondo
del valle de las sombras;
cabalgad, cabalgad sin descanso
–respondió la sombra–,
si buscáis Eldorado…

Contactar con la sombra solo cuando fallan las fuerzas refleja la dificultad de abandonar la quimera de vivir en una eterna aventura, y peregrinar en búsqueda de algo grande, maravilloso, que a la larga es vacío, sin conexión y proceso consigo mismo y el otro.

El valle de la sombra está poblado de mitos que nos apartan de nosotros mismos; en su lugar, colocamos tótems con pies de barro que dirigen nuestras vidas. Buscar afuera *Eldorado* es negarse a encontrar en nosotros mismos el sentido de la vida que pregona Viktor Frankl.

El hombre puede conservar un vestigio de la libertad espiritual, de independencia mental, incluso en las más terribles circunstancias de tensión psíquica y física.[41]

Es el propósito oscurecido por los mitos, por el poder aplastante de instituciones que se imponen y niegan la última de las libertades humanas, el derecho a decidir.

*Se puede robar todo, menos una cosa, la última de las libertades del ser humano, **la elección de su propia actitud ante cualquier tipo de circunstancias**, la elección del propio camino.*[42]

El caballero va solo en esa búsqueda: ¿arquetipo del héroe o mago? Cuántas máscaras puede haber en él, y en nosotros, buscando salidas fáciles, sin mayor trabajo. Cuando no se reconocen los aspectos oscuros de una realidad, y se mantiene la ceguera, existe muy poca capacidad para la transformación. Por eso, el autoconocimiento es fundamental.

Mantenerse en un estado emocional vacío, sin trabajar el fracaso, puede dar la sensación de estar en el aire. Alumbrar nuestra sombra es el trabajo de individuación.

—Más allá de las montañas
de la Luna, en el fondo
del valle de las sombras;
cabalgad, cabalgad sin descanso
—respondió la sombra—,
si buscáis Eldorado…

Esta respuesta que da la sombra está llena de simbología. La luna refiere nuestros miedos, fobias, lo dual, las indecisiones, las emociones. Para algunos, es la madre, la sensibilidad, donde nos alimentamos y podemos ver el mundo.

Enfrentando los miedos, las tristezas, el desengaño, podemos ver la realidad tal cual es y afrontar un trabajo distinto. Si solo me quedo en una emoción, fantasía e ingenuidad, la sombra se apodera de mí y no veo más allá.

El consejo de la sombra es: si buscáis *Eldorado* continuad cabalgando, al fondo del valle de la sombra. Cabalgar es cruzar nuestras creencias, mitos, que nos sirven de excusa para no ver, aceptar órdenes, subordinarse en un abandono que nos niega las capacidades de crear y creer en una realidad de la cual soy responsable.

Y, por último, es imprescindible reconocer y aceptar que *Eldorado* está dentro de nosotros, es la manera como vemos el mundo, nos adaptamos y vivimos.

La respuesta sería: ¿no son las ideas las que mueven el mundo? Tenemos la idea de que somos un país dotado de riquezas naturales, que por arte de magia convierte en seres ricos a todos los que habitamos en esta tierra. Si esa riqueza aparece estruendosamente en los oscuros pozos petroleros que yacen en nuestro subsuelo, entonces ¿cuánto esfuerzo nos corresponde a cada uno de los individuos, a los pobladores de este *jauja* para convertirnos igualmente en seres dotados de riquezas inimaginables?

La riqueza en principio apareció en la imagen de El Dorado que afanosamente buscaron nuestros conquistadores, dedicados a perseguirla, apartados de la noción del trabajo, del esfuerzo, del emprendimiento, que sí animó a los ingleses colonizadores de Norteamérica.

El sentido de la riqueza como el fruto del botín y señorío en la España de la reconquista, en lugar de producto del trabajo manual. No sorprende pues que los dos mundos coloniales hayan tomado caminos distintos con metas distintas.[43]

En un principio fue El Dorado. Luego, el petróleo y el reclamo por el petróleo, una riqueza que brotaba de la tierra. Después, alimentarse de las ideas de despojo, de explotación que aportaba el marxismo. Ingredientes todos de una búsqueda sin sentido y sin responsabilidad.

Comenzar por transformar la economía podría ser muy coherente y práctico si aspiramos a que los venezolanos tengan una visión compartida de la realidad. ¿Acaso creen que las gratificaciones que puedan recibir tienen que ser fruto de su esfuerzo individual?; ¿aceptan que una función legítima del Estado es repartir los trozos de la renta?; ¿creen que para hacer justicia basta repartir equitativamente?; ¿creen que tienen derechos a bienes donados por el Estado?; ¿cuán inmoral les parece cambiar su derecho a elegir por una dádiva clientelar?; ¿cuánto valoran sus potencialidades, sus capacidades para realizar sus proyectos de vida?

Si la intención es trazar un camino para construir un país libre, indudablemente tendríamos que comenzar por los símbolos, por los mitos oscurecedores que tienen los habitantes de estas tierras. A partir de ese reconocimiento, imaginar, crear las ideas centrales de una nueva narrativa, como principio de un acercamiento a las perspectivas de cambio, desde un punto de vista cultural y antropológico, básico para la fundación de un nuevo contrato social.

El interés es construir una plataforma que circule transversalmente a través del conjunto de políticas públicas específicas, funde metas y aspiraciones en territorios concretos y en los subjetivos de la conciencia individual y ciudadana.

Es un intento de una nueva mirada centrada en el reconocimiento del individuo responsable como el sujeto de nuestra historia, quien decide, siente, actúa y se atreve a reducir el espacio del Estado como institución que invade, monopoliza y acalla las aspiraciones individuales y las convierte en una masa opresiva de frustraciones, silencios y batallas perdidas.

La fundación de un *nuevo contrato social*, plataforma del individuo responsable

Para comenzar, es menester reconocer que no hay nada nuevo bajo el sol, que la historia ha mostrado todo, que los pueblos y sus líderes se obstinan en tropezar mil veces con la misma piedra, tal como reveló el intento de imponer el fascismo en Italia:

Un experimento de dominación política, puesto en práctica por un movimiento revolucionario, organizado en un partido rígidamente disciplinado, con una concepción integralista de la política, que aspira al monopolio del poder y que después de conquistarlo por vías legales y extralegales, destruye y transforma el régimen precedente y construye un Estado nuevo, fundado sobre el régimen del partido único, con el objetivo principal de efectuar la conquista de la sociedad, subordinar, integrar y homogeneizar a sus gobernados, conforme al principio de politicidad integral de la existencia, tanto individual como colectiva, interpretada según la categoría, los mitos y los valores de una ideología sacralizada en la forma de una religión política, con el propósito de modelar al individuo y a las masas merced a una revolución antropológica para regenerar al ser humano y crear un hombre nuevo, consagrado en cuerpo y alma a realizar los proyectos revolucionarios e imperialistas del partido revolucionario, en procura de crear una nueva civilización de carácter supranacional.[44]

Todo lo que denuncia Emilio Gentille nos parece muy conocido, lo hemos vivido. Sin embargo, debemos estar atentos a nuevos peligros, en Venezuela la imposición del socialismo y anulación de la libertad ha sido un proceso más complejo, más sofisticado que otras experiencias latinoamericanas, superando la vía violenta cubana de expropiar y fusilar.

El socialismo del siglo xxi amalgama la violencia, la estatización de empresas y bienes con la anulación del poder del ciudadano sobre su propiedad, sobre su capacidad de elegir, todo amparado bajo un aparente legalismo y un afán por convencer, establecer una suerte de hegemonía cultural.

Las empresas desaparecen por la vía directa de la expoliación-estatización, según informa el Observatorio de la Propiedad Privada de Cedice Libertad, pero la mayoría por la anulación de toda posibilidad de lograr la viabilidad imprescindible en cualquier negocio, debido al sistema complejo de intervención antiproductividad, aplicado por el régimen en cada una de las fases del proceso productivo. La expropiación pende sobre la cabeza de los empresarios como la gran amenaza, el final del camino está presente en la mente en cualquier emprendimiento, es el patíbulo que aguarda a la víctima inerme.

La dominación se aposenta, no solo estatizando o prohibiendo votar, sino también dominando a través de maniobras descaradamente sutiles que anulan el poder de la voluntad ciudadana. Se tejen redes de dominación de la conciencia ciudadana que destruyen la fe en la capacidad de elegir, de producir, a cambio de ofertas populistas de protección, o simplemente de desaliento y sensación de impotencia.

Hoy estamos conscientes de que un *nuevo contrato social* debe trascender estos peligros latentes en cada recodo de nuestra historia, que solo será posible si se logra superar el dominio cultural y político de la ética del rentismo, lo cual significa establecer los consensos estructurales en torno a un gran diálogo-arreglo entre los individuos, la sociedad y el Estado, en la internalización individual y colectiva de la nueva ética del trabajo y el emprendimiento.

El reto es conciliar la responsabilidad individual, devolver el poder sobre su propiedad al ciudadano, la economía de mercado, progreso para todos, democracia plural y el Estado de derecho. Esta gran ambición requiere respuestas acerca de las responsabilidades de cada uno de los actores sociales y de las instituciones. Implica definir un compromiso con la libertad, como clave para lograr prosperidad, en el marco del mejor modelo de justicia. Si pudiésemos establecer las premisas de este contrato social, podríamos enunciarlas de la siguiente manera:

1. Que su poder se derive del reconocimiento de la fuerza de la libertad individual, de la potencia de las alianzas entre sectores, donde cada uno tenga los espacios y el poder de decisión para definir sus objetivos y metas, sin perjuicio para ningún otro y en beneficio de todos.

2. Que exista la sensibilidad y las posibilidades materiales para que ningún sector, grupo o población se quede atrás o esté *a priori* condenado a existir en condiciones desventajosas.

3. Que se despliegue un gran esfuerzo social para llenar las brechas en las condiciones materiales de los distintos grupos, sin excluir la responsabilidad de cada individuo o sector en forjar su propio destino.

4. Que las relaciones interinstitucionales reconozcan los dominios de cada ente, organización o sector y a la vez sean aceptados los pactos, acuerdos y convenios como reglas de juego básicas.

5. Que la capacidad de control y transparencia en la gestión sea norma activa en el desempeño de las funciones de la administración pública.

6. Que el Estado sea una institución al servicio de los ciudadanos, transfiriéndoles los poderes y atribuciones que les corresponden como andamiaje del nuevo contrato social.

Si estas son las premisas que antecederían la posibilidad de avanzar hacia un nuevo contrato social, por supuesto que los grandes lineamientos están lejos de limitarse a la predefinición de un conjunto de políticas públicas, cuyo marco de gestión es más restringido. Cuando operamos desde el territorio de las políticas públicas, nos restringimos al solo cambio de la forma, a su nivel técnico, gestionar sin adentrarnos en los aspectos estructurales, aquellos que contienen definiciones de las reglas de juego que rigen las relaciones entre las instituciones, su autonomía, las cuotas de poder, el control y capacidad de decisión que supere sus ámbitos naturales.

En Venezuela durante mucho tiempo hemos girado en torno a propuestas que han significado cambios en los modos de gestionar, administrar, decidir qué hacer, pero no hemos asumido que el problema central que nos impide crecer económicamente y avanzar hacia una sociedad más justa está específicamente conectado a un predominio filosófico y cultural que niega el poder del individuo, desconoce su responsabilidad individual, es el inequitativo marco institucional que nos rodea que convierte al Estado en el gran motor social, económico y político, y de allí su poder sobre todos los ámbitos donde se define nuestra libertad, seguridad jurídica y nuestra prosperidad.

El objetivo del nuevo contrato social sería iniciar un proceso masivo y gradual de transferencia de poder desde el Estado al ciudadano, en todos los ámbitos de nuestra existencia. Sustituir su predominio como gran maquinaria social y abrir la posibilidad de que la autonomía, el respeto, la pluralidad y el acuerdo priven en las relaciones interinstitucionales. Las políticas públicas siempre tendrán un fuerte carácter discrecional si no existen los acuerdos y la vigilancia mutua entre instituciones.

Un nuevo contrato social tendría como grandes respaldos el reconocimiento de un capitalismo humanista, eficiente, y la consagración del Estado de derecho, a partir de los cuales construir acuerdos fundamentales. Más que conclusión, es un principio, es el gran desafío que tienen los venezolanos para lograr un futuro que supere las calamidades de hoy.

Esto requiere un consenso que posibilite a los individuos, grupos, familias y colectividades, sentirse plenamente representados. Una unidad que nunca como ahora se había hecho indispensable para lograr el salto histórico que responsablemente nos corresponde como ciudadanos de este tiempo.

La unidad no es solo una respuesta a coyunturas, a la necesidad que tenemos de dejar atrás el peligro comunista, populista, militarista. La unidad es la fuerza esencial que puede lograr que los grandes objetivos estén en nuestro corazón, que se logre internalizar la idea de que, de este gran cambio, depende el futuro.

El nuevo contrato social no es un acuerdo puramente racional, es una conjunción de ideas y aspiraciones que supera los determinismos petroleros, estatistas e ideológicos. Es ir más allá de la aceptación, como fundamento de nuestra existencia, de la presencia de un recurso natural o el domino de una institución monopólica, como ha sido el Estado patrimonial. Con base en estas ideas se propone en este trabajo la siguiente ruta de cambios:

+ Reconciliar a los venezolanos con un capitalismo humanitario, lo cual implica un arduo y profundo trabajo de ruptura de la hegemonía cultural, ejercida en la práctica o desde la sombra, como hemos visto en algunos países de la región: Chile, México y Argentina. Masificar un nuevo enfoque filosófico integral sobre la capacidad del capitalismo como único sistema capaz de expandir las capacidades económicas y humanas de cualquier sociedad.

+ Reforzar la fuente de legitimidad del Estado de derecho, como resumen de una armazón que solo es posible en democracia. Se trata de métodos y fines. El Estado de derecho como ambiente cuasi natural en que se desenvuelven las instituciones, y ante el cual todos los individuos valen *per se* y no por sus particularidades económicas, genéticas o ideológicas.

+ Avanzar en la modificación del monopolio público sobre los grandes sectores de la economía y los servicios públicos como un gran reto, sobre todo en el campo conceptual e ideológico. Abrirnos al pluralismo y a la participación. En algunas sociedades de bienestar, regidas por Estados altamente concentrados, se comienza a transitar el camino que significa el desprendimiento de tareas públicas y su traspaso a los ciudadanos y a sus emprendedores. Esos Estados han aprendido que la calidad de la oferta no depende de su concentración en manos públicas, y que el ciudadano puede ejercer cabalmente aquello que le es propio, sin tutelas: crear riqueza, agregar valor, poner en la realidad cosas que no existen, ya sean tangibles o intangibles.

+ Fortalecer las vinculaciones entre instituciones como requerimiento ineludible para equilibrar fuerzas y garantizar una autonomía que exprese y defienda los deberes y derechos de los ciudadanos, tal como aseveran Acemoğlu y Robinson:[45]

Para tener éxito económico se requiere de una economía organizada de manera que cree incentivos y oportunidades para la mayoría de la gente en la sociedad. Y que eso ocurra depende de cómo funciona el sistema político. Es decir, depende de las instituciones políticas. Es realmente un problema político el de crear las instituciones económicas que generan prosperidad. Pero, como enfatizamos, hay muchos problemas políticos que interfieren en la creación de una sociedad inclusiva, lo que llamamos instituciones económicas inclusivas, que es lo que se necesita para progresar.

+ Descentralizar. La descentralización entendida como una nueva re-distribución del poder político asumido por las redes institucionales como regla de juego de su actuación. Un compromiso con el país, su espacio y su gente como actores de realidades particulares en los ámbitos locales, en las comunidades y en los municipios, de cuya suma resulta el gran país en todos sus registros: productor, trabajador, científico, artístico, deportivo, creativo y profundamente espiritual.
+ La emersión de la clase media. Uno de los objetivos más ambiciosos. Esforzarse en superar la pobreza desde la riqueza que generan los ciudadanos, lo que producen. Valorizar y legitimar sus propiedades como parte de un gran patrimonio de los individuos y de la sociedad. Es la movilización y bienvenida a los grupos sociales más numerosos de nuestra sociedad a una manera nueva de vivir el presente y el futuro, basado en el fomento de sus capacidades y en la posibilidad de asumir y acoger el mayor número de oportunidades y responsabilidades posibles.
+ Finalizamos proponiendo lo que en el anterior contrato social era el principio, trascender el Estado patrimonialista como centro del

movimiento social, gran objetivo que requiere de la instauración de una nueva institucionalidad en cuyo corazón estén las aspiraciones, normas y reglas de juego básicas para una democracia. Es un proceso complejo de traspaso de poder y responsabilidades que convoca al ciudadano, a sus partidos políticos, a las organizaciones, a las universidades, a los maestros, a los empresarios, a los trabajadores como ductores de esta gran metamorfosis social.

+ En la esencia de la propuesta subyace la convicción completamente realizable de que los ciudadanos venezolanos sean los únicos que definan el camino a seguir, en plena libertad, sin la coacción ejercida por instituciones ideologizadas. Se trata de crear el nuevo acuerdo que cada uno de nosotros desearía, como marco de la vida de esta generación y de todas las que vienen detrás.

Estas reflexiones no son producto exclusivo de la razón, el conocimiento y la rigurosidad académica, sino más bien de la emoción y el aliento espiritual, quizás incompletas o imperfectas, y pueden ser superadas o mejoradas, pero emanan de la aspiración de poder desplegar todas nuestras opciones morales y nuestras potencialidades, vivir en democracia, libertad y prosperidad en el corto período que dura la existencia humana.

La recuperación moral de nuestro presente y futuro está en nuestras manos, no depende de culpables externos. Podemos lograr acuerdos en torno a una bitácora para comenzar a transitar el camino hacia un nuevo contrato social, si nos esforzamos en lograrlo y para lo cual no hay excusas.

¿POR QUÉ Y PARA QUÉ UNA NUEVA NARRATIVA?

En *La fatal arrogancia*, Friedrich Hayek[46] describe lo imposible y nefasto que resulta aplicar la ingeniería social para modelar la sociedad, desconociendo la importancia y complejidad del orden espontáneo, cuyo *contenido particular o concreto no es conocido o previsto por nadie*, que opera en las definiciones de la realidad de forma no voluntaria. Creer que el mercado puede ser sustituido por la planificación centralizada, cuando sabemos que nunca seremos capaces de ordenar y clasificar toda la información que incesantemente crea el movimiento económico.

El mercado opera sobre información que no alcanzamos a conocer exhaustivamente, pero cuyas tendencias podemos observar. Intentar sustituir la noción de mano invisible del mercado, más allá de observar y escrutar tendencias, por la mano visible del Estado ha sido causa de muchas tragedias, hambrunas, genocidios, por el invariable carácter que asume la concentración de poder en el Estado, desencadenando procesos indetenibles de dominación que penetran y se apoderan de todos los intersticios de la existencia de los individuos y la sociedad. Tal ha sido la suerte de las sociedades caídas en las garras de regímenes socialistas.

La fatal arrogancia podemos también encontrarla en el pensamiento liberal en un plano distinto, cuando se considera que basta actuar bien en materia económica, respetar las libertades y el emprendimiento para propiciar consensos y situaciones favorables. En este lado, la arrogancia estaría en desdeñar la importancia de los procesos mentales-culturales que acompañan cada iniciativa económica, ignorar las interpretaciones y reflexiones de los demás, porque partimos de la convicción de estar actuando según la lógica y la razón, sin valorar las percepciones individuales y grupales sobre lo correcto y cuál es la visión que en última instancia antecede y prevalece ante cada emprendimiento, enmarcado en políticas liberales.

La realidad es terca, en ocasiones nos preguntamos el porqué de los retrocesos de algunas sociedades hacia el socialismo, si era incontestable que la dirección económica era exitosa. Hay que aceptar que no basta tener éxitos económicos para lograr consensos y consentimiento en un proyecto de sociedad. Es imprescindible que el éxito por la buena dirección y las políticas acertadas sea visto y presentado como resultado de un espacio de acuerdos y objetivos compartidos, que los individuos sientan que forman parte y están en el camino emprendido.

La izquierda en el mundo opera con base en la persecución de hegemonías culturales, imbuidas de valores tales como la superioridad moral del socialismo sobre el capitalismo, simplemente porque se proclaman o apropian del concepto de igualdad, cuyo énfasis radica en los resultados y en una tensión sobre la propiedad de los bienes materiales. De allí la destrucción de la propiedad privada como primer objetivo de los proyectos socialistas. Al final, es una igualdad de resultados o un intento de reparto y expropiación de lo que existe, tal como afirma Richard Pipes.[47]

La pretensión de alcanzar la igualdad no solo destruye la libertad, sino también la propia igualdad, pues los encargados de garantizar la igualdad social reclaman para sí privilegios que los elevan por encima del común de la gente.

En síntesis, más que una igualdad material, es una negativa a la inclusión en espectros caracterizados por la gestación de más y mejores oportunidades para todos, que permitan a las personas ser o hacer lo que sepan y deseen hacer. En el mismo terreno, el socialismo se aboca a la defensa irrestricta de derechos, sin contrapartida en deberes u obligaciones, gestando la irresponsabilidad de las personas con los actos que definen su propia existencia y la culpabilización permanente de los otros.

Es imprescindible que el liderazgo que pretenda conducir al país, desde un punto de vista intelectual y moral, asuma la necesidad de buscar afanosamente consensos y consentimientos sobre sus propuestas y proyectos; no solo comunicar razones técnicas. Lo contrario sería desdeñar percepciones, reacciones y opiniones arropados por la premisa de que se está actuando correctamente.

Es imprescindible movilizar la transformación del país bajo la conducción, presencia y definición de intelectuales orgánicos, buscadores de consensos sobre proyectos de sociedad, que jueguen un papel de constructores, organizadores y persuasores, además de hacer circular sus visiones propiamente técnicas.

El liderazgo venezolano tiene que expresarse en la búsqueda de consensos en el plano cultural. El nuevo espacio de lucha promovido por la izquierda marxista ha sido la creación del Foro de São Paulo o de Puebla, en lugar de nuevas avanzadas guerrilleras. Es la penetración de las conciencias. Saben que no se trata de confrontaciones y choques físicos, de tomas materiales, al igual que la experiencia cubana. La confrontación decisiva es primero en el plano de las ideas. Ese es el nuevo terreno de combate.

Aunque parezca un simplismo, hay que reconocer que las ideas liberales no se han defendido como debe ser. Se partía de la seguridad de que era el mejor camino a seguir, y que sus resultados lo probarían. Hoy, en Latinoamérica y en Venezuela, particularmente, se trata de emprender una lucha con narrativas de libertad, con la seguridad de que los resultados girarán siempre a favor, que es posible vencer los caducos preceptos socialistas, derrotados pero seductores, que funcionan como monopolios del bien. Es confiar en la potencia de la responsabilidad individual, en el cumplimiento de los deberes y en la metamorfosis de las instituciones que piensan que su principal recurso es la gente que actúa, decide y trabaja.

Hay que reconocer que las prácticas del socialismo del siglo xxi se diferencian de la metodología fidelista. La revolución cubana acabó con los medios de comunicación, destruyendo a martillazos las rotativas, paradójicamente acompañada de estudiantes que, hasta el momento, profesaban fe ciega en las ideas de Fidel.

En Venezuela, el proceso fue gradual, los medios fueron destruidos o anulados uno a uno, con base en tácticas dilatorias en la entrega de recursos, negación de insumos, cierre de oportunidades comerciales. Los medios venezolanos fueron cercados, desprestigiados ante la opinión pública como voceros del capitalismo, ahogados en una práctica sin clemencia, utilizando para ello la concentración de poder en manos del régimen socialista, y convenciendo a la población de que estos ataques buscaban un rescate del respeto ciudadano y el cese de privilegios. Una estrategia sutil y poderosa, con una gran violencia oculta. En la destrucción de la propiedad privada se superó a la operación cubana, que expropió masivamente mediante el decreto 890 y 891 toda la estructura económica del país.[48]

> *Ley 890: Se dispone la nacionalización mediante la expropiación forzosa de todas las empresas industriales y comerciales, así como las fábricas, almacenes, depósitos y demás bienes y derechos integrantes de las mismas.*

> *Ley 891: Se declara pública la función bancaria y en lo adelante solo podrá ejercerla el Estado a través de los Organismos creados al efecto con arreglo a las disposiciones legales vigentes en cuanto no se opongan a lo dispuesto por la presente Ley (...).*

En Venezuela, se actuó progresivamente, comenzando por el ataque directo a los empresarios, el descrédito y acusación de prácticas de acaparamiento, por la falacia de negar acceso a los sectores populares. Para acometer la ocupación se utilizan grupos sociales organizados por el régimen, presuntas víctimas de la explotación empresarial.

Por tanto, no basta la seguridad de estar actuando correctamente en el plano de las libertades económicas, políticas y esperar la corroboración histórica. Hay que esforzarse por comunicar, consensuar, adquirir compromisos reales con las ideas que se proponen. Contamos con las nuevas tecnologías, con las infinitas posibilidades comunicacionales en la batalla de ideas y no en el poder derivado de las armas y la fuerza física.

Los errores del liberalismo no son teóricos, filosóficos, conceptuales. Se viven en el abandono del plano de la persuasión, en no aplicar esfuerzos para convencer acerca de que la mejor manera de lograr la prosperidad es conjugando libertad y propiedad, no al contrario.

En búsqueda de ello se propone girar los discursos del liderazgo hasta ahora concentrados en la crítica a la ineficiencia del capitalismo, en su desconocimiento de la noción del orden espontáneo, que lleva a rechazar la comprensión más profunda del mercado, a trascender la visión estatista que despoja al ciudadano de todos sus deberes y derechos y a superar el tema de la igualdad, no como un ajuste de cuentas entre clases sociales, sino como un horizonte de posibilidades.

La nueva narrativa busca mostrar la inutilidad, el contenido dañoso de las ideas socialistas, pero a la vez tiene que presentar con claridad los nuevos senderos. El argumento más sólido consiste en descubrir que el socialismo anula a la persona humana, y se dirige a una masa menesterosa que debe ser ayudada, mas no redimida, frente a la posibilidad cierta de desarrollar las capacidades humanas, el individuo responsable como un poder único y grandioso.

A continuación esbozaremos los lineamientos de las ideas que sugerimos sean examinadas, reflexionadas y desarrolladas por aquellos que aspiran a ejercer un liderazgo moral y político, como vía para acceder al poder. No son novedosas, es solo un compendio de sentido común, caminos que parecen obvios, que siempre han estado ahí, pero que debido a las miles de circunstancias que envuelven las decisiones de los pueblos se han oscurecido, nos han extraviado, llevando a consagrar ídolos con pies de barro, y a entrar en procesos destructivos, cargados de infelicidad. Repito, son solo expresión de sentido común.

Las ideas las expondremos en dos planos sintéticos:

A. En la dimensión material y objetiva que atiende la redirección de la red institucional y el Estado de derecho.

B. En la dimensión subjetiva, cultural y antropológica como alternativa a la hegemonía cultural aplicada por el socialismo como preámbulo de sus intentos de toma del poder.

A. En la dimensión material-objetiva

La nueva narrativa debe enfocarse en la construcción de un nuevo marco institucional y en la vigencia del Estado de derecho. Es central imprimir su carácter en la presencia ciudadana en la acción pública, en la existencia de contrapoderes que garanticen los equilibrios en las tomas de decisiones, en el diseño de un nuevo modelo de gobierno, cónsono con la afirmación del poder ciudadano y en la garantía intocable de la existencia del Estado de derecho.

Se trata de la aplicación del principio del sociólogo Werner Sombart, avanzado por Shumpeter,[49] *la destrucción creativa*. Avanzar de las actuales instituciones excluyentes, a la búsqueda de mayor inclusión. Conscientes de que el rentismo y el socialismo son concepciones de naturaleza excluyente, polarizadoras.

Para construir un Estado al servicio del ciudadano es imprescindible cortar las raíces del Estado propietario, que ejerce como dueño de un patrimonio y decide sin siquiera consultar al ciudadano a quien sirve, pero conservando aquellos campos de innovación que permitieron en un momento, el liderazgo mundial de la industria petrolera venezolana.

En tal sentido, se enuncian los siguientes lineamientos:

1. Diseñar y difundir de forma consensual la estrategia de desmontaje del Estado propietario-patrimonialista: jurídica, política, económica y comunicacional. Consagración del derecho a la propiedad privada y sustituirlo por una red institucional que genere confianza en los ciudadanos. Creación de un *país de propietarios*.

1.1. Construir un nuevo modelo de propiedad que liquide la contradicción constitucional entre el artículo 115 que garantiza la propiedad privada, y los artículos 302 y 303, que devuelven al Estado el poder de apropiarse de todas las fuentes generadoras de riqueza.

1.2. Anular gradualmente y de forma consensuada toda la reglamentación jurídica que instaure la colectivización de bienes privados.

1.3. Establecer vías jurídicas procedimentales para retornar la propiedad de los bienes confiscados por el Estado desde 1999. Elaborar una agenda antipatrimonio público.

1.4. Diseñar y ejecutar una estrategia mediática tendente a romper la hegemonía de ideas socialistas y colectivistas en la imposición de propuestas de igualdad de resultados.

1.5. Diseñar y ejecutar las bases del país de propietarios como expresión de la búsqueda de más y mejores oportunidades, respeto a la dignidad de los individuos y vigencia del Estado de derecho. País de propietarios basado en los siguientes argumentos:

- La defensa y promoción de la propiedad privada trasciende la polarización política.
- Los sectores populares han aprendido en las dos últimas décadas que el acceso a la propiedad privada es la oportunidad de crear o fundar un patrimonio.
- El socialismo del siglo XXI significa expansión de la propiedad pública y profundización de la sociedad de reparto, redistribuidora.
- La propiedad colectiva, comunitaria, social es propiedad del Estado, no de los ciudadanos. Propiedad colectiva no es propiedad de los individuos.
- El control de la propiedad por el Estado es la base de la concentración de poder y del clientelismo político. Esa es la lección histórica de Venezuela.
- El socialismo del siglo XXI promueve un pacto negativo con los sectores populares contra la propiedad privada.

- La ausencia de propiedad de los sectores populares es determinante de la situación de pobreza.
- Ningún país ha logrado desarrollarse sin propiedad privada.
- La propiedad privada solo está garantizada en las sociedades libres. Si la propiedad colectiva, pública se impone, los venezolanos perderemos nuestra libertad de construir un país de emprendedores, responsables y creadores de riqueza.
- El derecho a la propiedad de todos los venezolanos es una base firme para un nuevo pacto social y una renovada agenda política.

2. **Promover acuerdos entre sectores sociales sobre la modelación de un mercado de trabajo incluyente entre empresarios-trabajadores-gremios-redes de capacitación-instituciones públicas y privadas como superación del rentismo, expresión de la existencia de libertades económicas y vigencia plena del Estado de derecho.**

2.1 Iniciar la reflexión social sobre leyes laborales que consagran al trabajador como débil jurídico, *víctima de un proceso expropiatorio enfrentado a los emprendedores y empresarios en escenarios que impiden el consenso y el acuerdo en torno a objetivos que beneficien* a trabajadores, empresarios y sociedad en general.

2.2 Crear conciencia sobre la urgencia de superar el hiperpresidencialismo como base de un poder ilimitado, sin controles, tendente al totalitarismo. En contrapartida, esforzarse por diseñar y fundar las redes de instituciones incluyentes.

2.3 Obtener consenso sobre la creación de un nuevo modelo de Gobierno, al servicio del ciudadano. Semipresidencialista, con equilibrio de poderes, descentralizado, con base en la propuesta del abogado constitucionalista Gerardo Fernández.[50]

- Superar la subordinación de los poderes Legislativo y Judicial al Ejecutivo.

- Reducir el control casi ilimitado del presidente en los procesos más importante del Estado: políticos, administrativos, jurídicos, económicos y sociales.
- Establecer un modelo de distribución de poder descentralizado, incluyente de las distintas entidades territoriales del país.

B. En la dimensión subjetiva, cultural y antropológica

El esfuerzo político se concentra en dos puntos: la toma de conciencia del liderazgo sobre los mecanismos para superar la hegemonía cultural de las ideas rentistas socialistas; y en segundo lugar, la inaplazable necesidad de promover las condiciones sociales para que todos los individuos nacidos en este territorio tomen conciencia de sus responsabilidades y del esfuerzo necesario para lograr respuestas a sus requerimientos.

Desde esta posición, enfocarse en la construcción de enlaces y puentes para acceder a más y mejores oportunidades, independientemente de la posición económica, género, grupo etario, religión, raza, ideología. Al mismo tiempo, que se reconozca la obligación de apoyar a sectores especialmente vulnerables y se propicie el traslado del poder del Estado a los ciudadanos.

1. Por primera vez en nuestra historia, consagrar como sujeto al individuo responsable. El individuo que actúa, decide. Sujeto de la doctrina política. Superación de la subordinación al Estado, la propiedad pública, el privilegio sin fundamentos en obligaciones de las masas, pueblo, colectivo. La categorización de débiles jurídicos a sectores sociales en pos de la igualdad ciudadana ante la ley. Objetivos que significan un reordenamiento de las bases jurídicas y normativas.

El proceso sociopolítico venezolano posindependencia, en líneas generales ha sido una reiterada apuesta por el control del poder político, manifiesta en la construcción de un Estado concentrado y centralizador, en dictadura, democracia y en el intento de imponer un modelo plenamente socialista. Se ha dedicado todo el esfuerzo social y político en construir un gran Estado en completo olvido del ciudadano.

La idea noble sería iniciar el avance hacia la sustitución de la hegemonía cultural del Estado propietario por el individuo responsable, según el concepto de Ludwig von Mises, reconocer que el gran ausente histórico ha sido el ciudadano, el individuo responsable de sus deberes, fiel a sus valores, minimizado como un ser carente de poder frente a un Estado en permanente proceso de concentración y centralización.

2. Crear conciencia sobre la imperiosa necesidad de mudar las luchas sociales a nivel objetivo y subjetivo, de la defensa de derechos y privilegios a las responsabilidades y valores. Los derechos no son naturales, se derivan de responsabilidades.

- La construcción de un Estado concentrado y centralizado ha encontrado su principal bastión de lucha en la defensa a priori de los derechos y privilegios de los ciudadanos sin correspondencia alguna con sus responsabilidades y deberes.
- La Constitución venezolana es una pieza jurídica caracterizada por la defensa unilateral de derechos, sin asignar ni definir las obligaciones y responsabilidades que crea la ciudadanía y genera derechos legítimos.
- A nivel jurídico, económico, político y social, la dirigencia orientada al cambio debe basar su discurso en la exaltación de las responsabilidades y en la constitución del individuo responsable, como eje de nuestra estructura social.
- El discurso exaltando responsabilidades debe manifestarse en la práctica, en la jurisprudencia, en los objetivos de las institucio-

nes, en las políticas públicas y en la estrategia de desarrollo, es decir, en el *Plan país*.

3. Concientizar y diferenciar el acceso a más y mejores oportunidades e igualdad ante la ley de su opuesto, la imposición de igualdad de resultados, incompatible con el Estado de derecho. Promover nuevas oportunidades que se erijan como reto u horizonte de posibilidades para todo ser humano.

- El corazón del discurso social para reconstruir el país tiene que concentrarse en la conceptualización y materialización del concepto de acceso a mejores oportunidades, contrario a la igualdad de resultados que prevalece en la doctrina socialista. Es imprescindible reconocer en el concepto de igualdad, el contenido clasista-marxista, que ha sido el verdadero opio de los pueblos.

- La igualdad de resultados es contraria a la existencia del derecho a la propiedad privada, ya que plantea que todos deben tener lo mismo independientemente de su esfuerzo individual. Presupone que hay individuos despojados e individuos expropiadores, noción contraria al Estado de derecho, basado en el concepto de igualdad de los ciudadanos ante la ley. Contrapuesta a la noción de débil jurídico-atribuida al trabajador en la legislación laboral.

- La igualdad es inconcebible en sentido estricto, ella no puede ser concebida. No se puede seriamente describir, concebir, pensar una sociedad que sea igualitaria. Dicho de otra manera, cada vez que un autor socialista habla de igualdad, describe un mundo que no solamente no se puede alcanzar, sino que carece de coherencia racional. Brevemente: la nada. Esta es la falla mayor, la más grande de todo el pensamiento socialista. Falla acreditada por la historia porque, a pesar de mil tentativas, el socialismo jamás ha creado una sociedad igualitaria.[51] Drieu Godefridi.

4. **Invertir en la gente.** Privilegiar el desarrollo de capacidades como gran meta política y social. Promover el rescate de la responsabilidad directa del ciudadano con la educación, y su relación con las posibilidades de crecimiento económico.

+ Es imprescindible romper el confinamiento de la educación en manos exclusivas del Estado. Dar el salto hacia la integración de los actores económicos, culturales, de los responsables de la ciencia y la tecnología, de los investigadores y filósofos con su visión de la sociedad y del individuo al que aspiramos. Trascender de la búsqueda de pedazos de renta, al afianzamiento de la legitimidad de los logros como fruto de esfuerzos y capacidades, y no del reparto con base en imposiciones autoritarias, populistas.

+ Responsabilizarnos de la educación. Más allá de su dimensión técnica en cuanto a recursos humanos, materiales, tecnológicos y financieros, es esencial valorizar la importancia de la dependencia de los logros humanos y societales de la educación. Logros que se derivan de esfuerzos y capacidades inmunes a imposiciones autoritarias, populistas e ideologizadas.

+ La estrategia educativa tiene que convertirse en terreno de ejercicio de la responsabilidad ciudadana, imprescindible arrancar la educación del control total del Estado y avanzar a un sistema generador de oportunidades, en el cual las capacidades sean el principal atributo para garantizar la movilidad social.

+ Es inconcebible que actualmente Venezuela no cuente con un programa de formación para el trabajo de calidad, conectado con la economía, que proporcione a los sectores de menores recursos la oportunidad de ingresar al mercado de trabajo, dotados de una calificación laboral reconocida, que les permita profundizar sus conocimientos o escalar a nuevos niveles de formación acordes con sus aspiraciones individuales.

+ La principal y esencial responsabilidad del Estado es garantizar condiciones para el desarrollo de las potencialidades del ser humano desde su más temprana edad. Privilegiar los recursos materiales para la gestión educativa, y garantizar el acceso de todas las personas a oportunidades educativas. Velar por la calidad de una oferta en todos los campos: creativos-innovadores, tecnológicos, económicos-productivos, humanísticos, culturales, artísticos. Corresponde a los ciudadanos definir su orientación filosófica.

+ El principio de gestión de la educación debe centrarse en el respeto al maestro de parte de toda la sociedad, padres, alumnos y Estado. La esencia del sistema es la calidad de sus profesores. La docencia debe ser una de las profesiones más respetadas, jóvenes con mejores resultados escogerán esta profesión. Respeto y buen salario.

5. Esforzarnos en todos los planos de nuestra existencia en la superación de la ética rentista y consagración de una ética del trabajo como esfuerzo individual y colectivo. Sin culpables ni victimizaciones. Adiós a Juan Bimba. No nacemos con el pan bajo el brazo.

+ La nueva narrativa se fundamenta en la noción de la ética del trabajo como exposición del individuo responsable que actúa en todos los sentidos. Decide y valora la importancia de educarse. Reconoce la productividad y el esfuerzo como base para el acceso a una mayor rentabilidad. Es central propiciar en los medios de comunicación, en el sistema educativo y en las redes institucionales, un marco valorativo positivo de las relaciones entre capital y trabajo.

+ Es clave descubrir públicamente el contenido antropológico de la ética rentista que justifica y subordina al individuo a un estatus de pasividad. Su suerte o infortunio depende de otros. Visión culpabilizadora que niega el esfuerzo y las responsabilidades individuales.

+ La contraposición entre ética del trabajo y ética rentista debe formar parte de la educación desde el primer nivel de cada generación. Colocar en los *pensa* educativos.

- La relación biunívoca entre esfuerzo y logros debe colocarse a la cabeza de los discursos políticos, educativos y jurídicos. Fin a la noción del Juan Bimba que nace y muere pobre, víctima de factores externos, sin capacidad de decidir.

6. **Fundar una nueva cultura económica basada en el emprendimiento, ética del trabajo y libertad económica. Es concretamente decir adiós al rentismo. Gran esfuerzo en propiciar una nueva cultura económica con todos los sectores sociales acorde con una estrategia orientada al mercado, a la internalización de la conexión entre esfuerzo y beneficios y al ejercicio pleno de nuestra responsabilidad individual.**

- Diseñar y ejecutar un amplio y profundo programa de cultura económica dirigido a toda la población y a todos los grupos etarios, que permita entender la economía, familiarizarse con sus conceptos fundamentales en cualquier circunstancia y coyuntura, y permita despejar mitos y falsas nociones sobre el comportamiento económico del país.

La formación económica ha sido un tema subestimado en las culturas latinoamericanas, en la mayoría de las cuales las decisiones en esta materia son tomadas inconsultamente. Los resultados no son comprendidos, las expectativas difícilmente son respondidas, dando origen a conflictos sociopolíticos permanentes.

En cualquier estrategia de cambio político y crecimiento económico en estas latitudes, es imprescindible abordar los procesos formativos, que permitan ejercer y participar de forma activa en la economía, y responder responsablemente a la rendición de cuentas del Estado al ciudadano.

- Promover el papel del individuo responsable como sujeto activo de la definición de las estrategias de crecimiento.

+ Limitar la intervención del Estado en la economía y restringir las políticas de controles.

+ Transformar la intervención estatal en una acción promotora del desarrollo empresarial y de las ventajas comparativas del país.

+ Fortalecer la relación positiva entre capital y trabajo en legislación laboral.

+ Conectar la estrategia económica con los sistemas de formación de capacidades.

+ Construir y aplicar el sistema de rendición de cuentas al ciudadano.

+ Establecer mecanismos de legitimación de las políticas de soporte a individuos y población vulnerable.

7. Denunciar la desastrosa estrategia con una clara raíz ideológica, de acabar y reemplazar el liderazgo a todos los niveles: social, económico, político, cultural, técnico. Estrategia ubicada en las antípodas del concepto de creación de capacidades como motor del cambio individual y social. Una acción llevada al extremo de suplantar al personal del servicio público por personas captadas políticamente por el régimen, pertenecientes al partido de gobierno u otras venidas de regímenes socialistas, especialmente en los siguientes casos:

+ Personal de salud. Médicos, enfermeras y técnicos venezolanos egresados de nuestras universidades y centros de formación técnica, subordinados a las directrices de personal cubano, causante de su migración masiva hacia países vecinos, donde han sido acogidos favorablemente por los gobiernos y pueblos.

+ Maestros y docentes de todos los niveles, sometidos al acoso político, la destrucción de sus niveles salariales, al deterioro de las condiciones materiales de sus instituciones, e impactados especialmente por las carencias nutricionales de la población escolarizada, limitando la posibilidad de cumplir sus tareas educadoras.

- Descalabro de las responsabilidades y dignidad de jueces, fiscales, agentes del orden, policías y militares, colocados bajo autoridades sin legitimidad ni capacidad para ejercer el mando en estos delicados terrenos. Subordinados a maniobras efectuadas sin ningún tapujo y a cualquier precio, a los mandatos arbitrarios del régimen, y a su implacable necesidad de conservar el poder político.

- Sustitución del personal técnico de las industrias propiedad del Estado, especialmente en materia de petróleo, minería y alimentos, por agentes políticos, personal proveniente de países aliados del régimen, sin los requisitos técnicos para ejercer el mando en estas áreas; causando la destrucción de las instituciones más relevantes del aparato industrial, el desempleo, el crecimiento de la pobreza, el desabastecimiento y la dependencia de las importaciones extranjeras para suplir la demanda interna.

- El desconocimiento de los liderazgos comunitarios y sociales legítimos, nacidos del interés de contribuir con la gente, sus necesidades básicas, y la búsqueda de recursos y conducción técnica para atender las exigencias de la vida en comunidad. Sectores del liderazgo social suplantados por activistas del régimen, participantes discrecionales del reparto populista de prebendas financiadas con recursos fiscales.

El resultado de esta estrategia de destrucción ha sido la pérdida de capital social y el deterioro de la calidad de vida de la población, sometida a condiciones infrahumanas en todos los terrenos de la vida: salud, alimentación, seguridad personal, patrimonial, colectiva, la vida comunitaria, y finalmente, en la imposibilidad de contar con un ambiente de paz que garantice las aspiraciones de crecimiento y mejora de las condiciones de vida de los individuos, familias, sectores sociales, grupos de interés, comunidad y país.

El rescate del liderazgo social de maestros, jueces, policías, médicos, enfermeras, militares, periodistas, empleados públicos se torna en acción primordial. En los distintos campos de nuestra existencia, la presencia y el esfuerzo de los grupos y personas que han escogido como misión velar por el bienestar del resto de la sociedad, cumplir, enseñar y contribuir al cumplimiento de la ley y de las costumbres aceptadas socialmente, se convierte en una fortaleza que garantiza los equilibrios, el bienestar y la paz social.

Venezuela ha vivido un período de deterioro y trato indigno a estos sectores. Han sido objeto de rudas campañas de captación política como condición para la conservación de sus posiciones, y de deterioro abismal de sus condiciones de vida, e irrespeto hacia la posibilidad de cumplimiento de sus obligaciones. En la reconstrucción del país es imperioso contar con estos sectores que representan o son la cabeza de lo que se denomina el capital social. Fomentar su liderazgo, su ejemplaridad en el cumplimiento de tareas y la responsabilidad para consigo y con los otros, es uno de los elementos clave para lograr los objetivos de responsabilidad, prosperidad y libertad a los que aspiramos.

Es imprescindible velar por la calidad de su formación, su preparación moral y técnica, que los acredite ante la gente, y les permita lograr el respeto y la confianza necesarios para cumplir con sus metas. Mejorar de forma efectiva y progresiva las condiciones materiales de existencia de estos grupos humanos y retribuir adecuadamente el esfuerzo que hacen en favor de los otros.

Para revalorizar este liderazgo social es preciso incluir de manera permanente la difusión de valores y actitudes ejemplarizantes en la vida cotidiana. No basta conocer los valores, hay que internalizarlos como práctica de vida en y desde la escuela, en los medios de comunicación, en las empresas, instituciones, comunidades. Trascender los límites técnicos, acumular información y datos con fines orientados a promover conductas de respeto, tolerancia y cooperación.

8. **Desideologizar los medios de comunicación públicos.** Esfuerzo cultural en garantía de la libertad de opinión y la existencia de medios de comunicación independientes.

- Limitar las emisiones gubernamentales a objetivos de interés ciudadano.
- Transformar los medios de comunicación pública en instrumentos de información y educación ciudadana.
- Definir una estrategia permanente de comunicación y consulta con la ciudadanía sobre decisiones gubernamentales.
- Respeto permanente a la dignidad humana con independencia de coyunturas, contingencias, rasgos demográficos, edad, sexo, raza, nivel educativo, estatus económico, visión política y filosófica.

A MANERA DE CIERRE.
ELDORADO ESTÁ DENTRO DE NOSOTROS

Las líneas precedentes se están escribiendo en el inicio del año 2020, un momento signado por la más profunda crisis que ha vivido Venezuela en su historia contemporánea, pero a la vez marcado por un acontecimiento sin precedentes, la liberación de la hegemonía cultural de las ideas socialistas por parte del pueblo venezolano.

Los estudiantes en sus universidades han dado a luz esta nueva etapa de nuestra historia, bajo presión, enfrentando amenazas de prisión y muerte, han rechazado de modo aplastante los intentos de seducción y chantaje del régimen socialista en su afán de capturar la voluntad de esta nueva generación que está en las aulas de nuestras máximas casas de estudio.

Los estudiantes, una vez más, han derribado fronteras, han sabido reconocer la superchería, el engaño que se ofrece detrás de las ideas marxistas, destructivas de la propiedad privada, del afán emprendedor y del amor a la libertad.

2020 es un año insigne, por primera vez vemos a los jóvenes darle la espalda al Che Guevara, a la seducción que contiene la idea de igualdad a la fuerza, a la defensa pura y simple de derechos sin contrapartida en obligaciones y deberes. Ideas que se enmarcan en la pretensión, mil veces derrotada por la historia, de la posibilidad de ejecutar una fría y cruel ingeniería social que construya una sociedad al gusto de los amos en el poder, y convierta a los ciudadanos en esclavos, partera de un fallido hombre nuevo sin corazón ni espíritu.

Es la lección aprendida por los estudiantes, y por la gran masa de venezolanos, que hoy muestran su total repudio a la pretensión de colocarnos en la cola de los países más infelices del mundo, encabezada por Cuba, seguida por Corea del Norte y abriéndose paso dolorosamente en algunas sociedades latinoamericanas.

La conclusión más obvia es que hay que derrotar las ideas madres del socialismo, disfrazadas de una cuestionada superioridad moral porque son el preludio de la tragedia social, el hambre, el abandono de la infancia y la muerte para todo el que intente oponerse a estas macabras ideas de control total.

Es 2020, y no sabemos cuándo comenzará la reconstrucción, pero de lo que sí podemos estar convencidos es de que la muerte de la anunciada tragedia socialista ya empezó. Está en fase agónica, porque está desapareciendo, gangrenada, fruto de su miseria y de los miserables que la ejecutan. Algo sin precedentes históricos, el socialismo ha salido del corazón de los más jóvenes y es nuestra gran tarea contribuir a darle el golpe final.

Venezuela es un país con población mayoritariamente joven, con reservas morales y naturales que permiten soñar con nuevas etapas, con la posibilidad de generar más y mejores oportunidades para todos, con la convicción de que la imposición de instituciones que excluyan, separen y dividan, será rápidamente advertida por los ojos de la experiencia adquirida durante las últimas dos décadas.

Así como los socialistas exportan su instrumental de guerra e ideas mortíferas, estamos en la obligación de dar a conocer a nuestros hermanos latinoamericanos el engaño, la miseria y la indignidad que se esconde detrás la prédica de Marx, del retrato del Che y la práctica aniquiladora de Fidel sobre el pueblo cubano.

Estamos a tiempo, debemos comenzar a divulgar la fe en la responsabilidad de los individuos, la inseparable relación entre propiedad y libertad, y el lugar insustituible del respeto a la dignidad humana.

NOTAS

39. Diálogo con Rosalinda Infante

40. Poe, Edgard Allan Eldorado.
https://www.google.com/search?q=
edgar+allan+poe+poems+eldorado
&client=firefox-b-&tbm=isch&
source=iu&ictx=1&fir=WGPj_
5IINYkdHM253A252CgdWGl-
Refvymu9M252C_&vet=1&usg=A

41. Frankl, Viktor. *En busca del sentido de la vida*. Amazon.

42. Elliot John. España y el mundo trasatlántico: *Cuadernos de Pensamiento Político*. N.º 36. Octubre/ diciembre, 2012. FAES, Fundación para el Análisis.

43. Gentille, Emilio. *La vía italiana al totalitarismo*. Siglo veintiuno editores. 2005.

44. Observatorio de la Propiedad Privada. Cedice Libertad.

45. Acemoglu y Robinson. Amazon, 2012.

46. Hayek, Friedrich. *La fatal arrogancia*, Amazon, 2010.

47. Pipes, Richard. *Propiedad y libertad*. Fondo de Cultura Económica, 1999.

48. Ley cubana 890. Gaceta Oficial de la República de Cuba. Edición Extraordinaria. La Habana. 3 de octubre de 1960.

49. Fernández, Gerardo. *La búsqueda de un nuevo sistema de gobierno para Venezuela*. Academia de Ciencias Políticas y Sociales, 2019.

50. Schumpeter, Joseph. *Innovación y destrucción creativa*. Kindle edition.

51. Godefridi Drieu: https://www. contrepoints.org/2017/08/10/ 296511-legalite-dieu-absolu-de- pensee-contemporaine

Terminando de escribir este libro surge una gran amenaza, se denuncia la existencia de una pandemia capaz de cubrir el universo entero.

Nos ataca un enemigo invisible, se cuela por los sitios del cuerpo que están abiertos, nuestra boca, nariz, ojos. Qué extraña circunstancia, todas las armas de guerra que la humanidad ha desarrollado no sirven para nada. El miedo nos invade, no sabemos por qué esta prueba inmensa para todos, ¿será tal vez para demostrarnos que pertenecemos o somos parte de un mundo que apenas conocemos, que casi no vemos?

Recibo desde lejos el artículo de un filósofo científico, Yuval Noah Harari, cuyo párrafo final plantea una poderosa interrogación:

La humanidad necesita tomar una decisión. ¿Recorreremos el camino de la desunión, o adoptaremos el camino de la solidaridad global? Si elegimos la desunión, esto no solo prolongará la crisis, sino que probablemente dará lugar a catástrofes aún peores en el futuro. Si elegimos la solidaridad global, será una victoria no solo contra el coronavirus, sino contra las futuras epidemias y crisis que podrían amenazar a la humanidad en el siglo XXI[52].

La sensación que nos invade en este día es cercana a desconocer el mundo. Los hábitos pierden sentido, no sabemos si una invisible corriente de aire decide tu vida. Entonces las dudas nos embargan y percibimos una sensación total de soledad. Pero, como nada es definitivo, releo a Noah Harari y entiendo que el llamado trascendente es a la unidad, lo cual significa trascender las diferencias que nos separan y vernos todos como parte de un mundo. Uno, eso sería lo que hay que reconocer.

Será esta la oportunidad para que la humanidad aprenda que el aire que respiramos nos comunica, nos convierte en partes de un todo. Si es así, tratemos de vivir este aprendizaje que parece obvio, pero que nunca lo ha sido. Y mantengamos la esperanza.

Científicos y autoridades se unen para encontrar el mejor camino para derrotar el gran peligro. Los gobiernos tratan de mejorar su capacidad institucional para enfrentar la crisis, los regímenes autoritarios amenazan con medidas represivas a quienes no acatan las órdenes. Los científicos se afanan en la búsqueda de la respuesta al desafío que enfrenta la humanidad. En medio de la vorágine comienza a descubrirse que la gran solución descansa en lo más sencillo, pero quizás lo más difícil de acatar, si no hay responsabilidad individual; si cada persona no se compromete a cuidarse y cuidar a los otros, de nada valdrán las grandes instalaciones sanitarias, las medidas represivas de los gobiernos que aterrorizan a los infractores de las normas con prisión y muerte. La clave es cuidarnos y cuidar a los otro porque todos somos potenciales portadores del virus que puede herir profundamente nuestra civilización.

Es desafiante comprender que el reto grande de la humanidad es el mismo pequeño que tenemos en las entrañas de nuestra pequeña Venezuela: *La humanidad necesita tomar una decisión. ¿Recorreremos el camino de la desunión, o adoptaremos el camino de la solidaridad global?*

Una solidaridad global cuyo germen está en cada persona, en nuestro interior, en la capacidad de decidir, una prueba más de la existencia de Eldorado dentro de cada uno de nosotros.

NOTA

52. Harari, Yuval Noah. The world after coronavirus. Consultado en https://www.ft.com/content/19d90308-6858-11ea-a3c9-1fe6fedcca75

AGRADECIMIENTO

Al invalorable apoyo de mis amigos: Zouleyma Escala, Rafael Fernández, Kathiuska Veitía y Deborah Rangel.

EPÍLOGO

Conozco a la Dra. Isabel Pereira desde hace varios años. En diversos momentos he acudido a ella en busca de su sapiencia y conocimiento. Sin duda, puedo decir que ha contribuido en mi formación política y en el afianzamiento de mis ideas. Ella me ha ayudado a revisar documentos de suma importancia para mí y muchas veces le he pedido ayuda en materia de formación de nuevos liderazgos. Debo confesar que cuando me habló de su libro sobre el rentismo, describía con tanta pasión sus ideas, que de inmediato me atrapó. Luego, me pidió que preparara el epílogo de su obra y, en un primer momento me sentí abrumada, para luego sentirme honrada con esta petición. Isabel Pereira es un emblema del liberalismo en Venezuela y, sin duda alguna, es una de las mentes más brillantes en esta materia.

Hablar con la Dra. Pereira es poder dibujar el futuro de una nación libre y próspera. Es pensar en un país de propietarios y en un Estado que se ocupe de generar progreso y reglas claras, no de perseguir o excluir personas. Es pensar en una sociedad de ciudadanos libres y no de esclavos.

Este libro le va a permitir saber que existe una Venezuela posible, que no esté signada por un socialismo hambreador y promotor de un Estado propietario de todo, incluso de nuestro pensamiento.

El fraude del rentismo es un crudo diagnóstico de nuestra realidad y de cómo llegamos a ser un país lleno de personas esperando una precaria caja de comida en sus casas, mientras la gran corrupción penetra como un enorme monstruo que lleva el nombre de «socialismo del siglo XXI». Este sistema de gobierno que acabó casi por completo con el aparato productivo nacional, hasta hacerse con edificios que terminaron siendo solamente grandes bloques de concreto vacíos, todo lo cual generó una ruina casi total del país, también se empeñó en convencer a cada venezolano de que solo somos «pueblo», es decir, una masa vacía de derechos y deberes, por ello nunca se habla de «ciudadanos».

Siendo esto así, podemos ver cómo la cultura rentista fue llevándose a cada hogar, afirmando que debemos simplemente esperar que nuestras industrias básicas produzcan y nos hagan llegar nuestra porción del beneficio. Ello, por supuesto, sustituye la cultura del trabajo y la producción por la de la esclavitud.

Así mismo, a los largo de más de dos décadas, se ha vendido la idea de que el Estado superpoderoso es capaz de todo, desde ser banquero hasta panadero. La conclusión que se extrae de un hecho como ese es sencilla: los empresarios, los comerciantes, los industriales no son necesarios, porque para eso está el Estado, en consecuencia, se reitera que no es menester trabajar.

Sin embargo, Venezuela ha insistido tercamente en oponerse a esta terrible pretensión, la cual solo ha podido imponerse con el uso de la fuerza pública, por parte de los órganos armados pertenecientes al Estado.

Al ver todo esto, podemos comprender con facilidad los conceptos que brillantemente nos expone la Dra. Isabel Pereira en esta obra que será de profunda utilidad para el hoy, pero sobre todo para el mañana de nuestra nación. Me refiero a ciudadanía, rentismo, relación entre rentismo y socialismo, rescate del valor del trabajo, revalorización del emprendimiento y del empresariado; pero, sobre todo, la noción de libertad y la necesidad de otorgar verdadero poder al ciudadano.

La lectura de este libro reafirma las razones por la cuales nos hemos opuesto con firmeza al sistema implementado en nuestro país durante estos años. Es evidente que la cultura del rentismo, en nuestro caso impuesta desde un feroz «socialismo del siglo xxi», no solamente nos ha empobrecido desde todo punto de vista, sino que además ha pretendido desconocer la libertad como concepto puro y esencial para el desarrollo del ser humano.

En el texto, la Dra. Pereira hace citas maravillosas que permiten ilustrar algunas ideas; me refiero, por ejemplo, a la noción de libertad que nos deja Hannah Arendt y su inevitable relación con el ejercicio de la política. Asimismo, evidencia con absoluta claridad cómo se han dado las bases a lo que somos hoy como sociedad, desde la visión de *País portátil*, de Adriano González León, o cómo entendemos la importancia del individuo en las democracias de América, si lo llevamos a las teorías de Alexis Tocqueville.

Pensar, por otra parte, en Friedrich Nietzsche y entender que el compromiso de todo líder político debe ser procurar la verdadera liberación de los individuos, lo cual va íntimamente ligado a la formación y de allí derivan funcionarios honestos, ciudadanos comprometidos, emprendedores y hasta la separación de poderes, debido al necesario control ciudadano en sociedades libres y democráticas como la que debemos construir.

Todo lo anterior da cuenta también de una profunda investigación que nos lleva a obtener importantes conclusiones sobre lo que debemos hacer desde todos los espacios de la vida pública para rescatar a Venezuela.

Esta es, pues, una obra extraordinaria, de fácil lectura, de esas que no se pueden soltar hasta concluir y que, además, en cada línea nos confirma que la Venezuela por la que hemos luchado es posible y casi la podemos tocar.

Espero en un futuro cercano poder releer en retrospectiva este breve texto que ahora escribo y afirmar que ha sido posible, que hemos podido formar ciudadanos, que la cultura del esfuerzo y el trabajo que tanto me inculcaron mis abuelos finalmente triunfó y que el rentismo solo forma parte de nuestra historia.

Están aquí, en *El fraude del rentismo*, las bases de la Venezuela libre.

DELSA SOLÓRZANO
Diputada de la Asamblea Nacional

BIBLIOGRAFÍA

Acemoğlu y Robinson. *¿Por qué fracasan los países?*, 2012. Amazon.

Arendt, Hannah. https://filosofia-catracha.wordpress.com/2017/09/21/el-estado-y-la-libertad-una-vision-desde-hannah-arendt/

Betancourt, Rómulo. *Venezuela, política y petróleo*. Amazon.com.

Bolívar, Simón. *Escritos fundamentales*. Caracas, Venezuela, Monte Ávila Editores, 1998.

Carrillo Hernández, Juan Pablo. Las 3 experiencias decisivas para una conciencia verdaderamente libre, según Hegel. Consultado en: https://pijamasurf.com/2019/04/las_tres_experiencias_decisivas_para_una_conciencia_verdaderamente_libre_segun_hegel/?fbclid=IwARIvOENdf_RBd-jrxWYVVu-RI8X6AzEdmFxJ99ef4DVWIyLD-hFzYKHcZIwOg#.XKM7mslcW-I.facebook

Cardenal, Ernesto. «Oración por Marilyn Monroe». https://www.poesi.as/ec0001.htm

Elliot, John. España y el mundo trasatlántico: Cuadernos de Pensamiento Político. N.º 36. Octubre/diciembre, 2012. FAES, Fundación para el Análisis.

Encovi Encuesta Nacional de Condiciones de vida 2017. 2018.

Estado de derecho como justo medio. http://dialogopolitico.org/actualidad/el-estado-de-derecho-como-justo-medio/

Fergusson, Niall. *Occidente y el resto*, 2012 Amazon.com.

Fernández, Gerardo. *En la búsqueda de un nuevo sistema de gobierno para Venezuela. Del presidencialismo exacerbado, autocrático, inestable e ineficaz a un sistema semipresidencial.* 2019. Academia de Ciencias Políticas y Sociales. Serie Estudios 119.

Fromm, Erich. *El miedo a la libertad*, 1941. Editorial Farrar & Rinehart.

Frankl, Viktor. *En busca del sentido de la vida*. Amazon.

Gentille, Emilio. *La vía italiana al totalitarismo*. Siglo Veintiuno editores, 2005.

Godefridi, Drieu: https://www.contrepoints.org/2017/08/10/296511-legalite-dieu-absolu-de-pensee-contemporaine

Gómez, Emeterio. *¿Qué es lo Humano… en ti?* Conindustria, Caracas, 2009.

— *La responsabilidad moral de la empresa capitalista.* Fundación Valle de San Francisco, Econoinvest y Cedice, Caracas, 2005.

Gramsci, Antonio. *El concepto de Hegemonía en Gramsci.* México: Ediciones de Cultura Popular. 1978.

Hayek, Friederich. *La fatal arrogancia.* 2010 Amazon.

Heidegger, Martin. *Ser y tiempo.* Editorial Trotta, Madrid, 2006.

Nietzsche, Friedrich. *Más allá del bien y del mal,* Península, Barcelona, 1973.

North, D. (1990). Institutions, Institutional Change and Economic Performance. New York: Cambridge University Press.

Nusbaum, Martha. http://www.ieturolenses.org/revista_turia/index.php/actualidad_turia/martha-nussbaum-las-capacidades-humanas-y-la-vida-buena

Palma, Pedro.http://www.el-nacional.com/noticias/columnista/hasta-cuando-caos_84349(20)

Pipes, Richard. *Libertad y propiedad,* Fondo de Cultura Económica, 1999.

Pereira, Isabel. *La quiebra moral de un país.* Artesano Group Editores.

— Isabel y Rafael Quiñones. *Por un país de propietarios, El petróleo no tiene la culpa.* Editorial El Nacional.

— *Clase media portadora de libertades.* Edit Caminos de la Libertad. México, 2012.

Poe, Edgar Allan. Eldorado. https://www.google.com/search?q=edgar+allan+poe+poems+eldorado&client=firefox-b-d&tbm=isch&source=iu&ictx=1&fir=WGPj_5IINYkd-HM%253A%252CgdWGlRefvy-mu9M%252C_&vet=1&usg=AI4_-Q8Gbs1RyaOMR5bwGtHSN-QJpoxX1w&sa=X&ved=2ahUKEw-jb4LzKnbjnAhWBl-AKHZjD-BWMQ_howIH0ECAcQCQ&bi-w=1366&bih=632#imgrc=WGPj_5IINYkdHM

Tocqueville, Alexis. *La democracia en América.* 2005 Amazon.

Rothbard, N. Murray. *Lo esencial de Ludwig van Mises,* Unión Editorial.

Savater, Fernando. *Ética para Amador,* Ariel, 1991.

Weber, Max. *Economía y sociedad,* University of California Press, 1992.

EL FRAUDE DEL RENTISMO
UN MODELO DE PROPIEDAD
PARA DESARMAR
Isabel Pereira Pizani

1ª edición, 2020
CEDICE Libertad, 2020

COORDINACIÓN
EDITORIAL
Rocío Guijarro
EDICIÓN
Kathiuska Veitía
Eikos Consultoría
Zouleyma Escala
Rafael Fernández
CORRECCIÓN
Alberto Márquez
DISEÑO
ABV Taller de Diseño
Carolina Arnal

© Centro de Divulgación
del Conocimiento Económico
«CEDICE»

HECHO EL DEPÓSITO DE LEY
Depósito Legal: DC2020000886
ISBN: 978-980-434-005-5
Caracas, Venezuela 2020

CEDICE LIBERTAD
Av. Andrés Eloy Blanco (Este 2)
Edificio Cámara de Comercio
de Caracas. Nivel Auditorio,
Los Caobos, Caracas, Venezuela.
Teléfono: +58 212 571.3357
Correo: cedice@cedice.org.ve
www.cedice.org.ve
Twitter: @cedice
RIF: J-00203592-7

El Centro de Divulgación el
Conocimiento Económico, A.C.
Cedice Libertad, tiene como objetivo
principal la búsqueda de una sociedad
libre, responsable y humana. Las
interpretaciones, ideas o conclusiones
contenidas en las publicaciones de
Cedice Libertad deben atribuirse
a sus autores y no al instituto, a sus
directivos, al comité académico o
a las instituciones que apoyan sus
proyectos o programas. Cedice
Libertad considera que la discusión
de las ideas contenidas en sus publicaciones puede contribuir a la
formación de una sociedad basada
en la libertad y la responsabilidad.
Esta publicación puede ser reprodu-
cida parcial o totalmente, siempre
que se mencione el origen y el autor,
y sea comunicado a Cedice Libertad.